Knaur

Gabi Schierz ▪ Gabi Vallenthin

LOW FETT 30
Fleischlos genießen

Knaur

Gabi Schierz · Gabi Vallenthin

LOW FETT 30
Fleischlos genießen

www.knaur.de

GO! 30 FETT
max. 30% der Gesamtkalorien aus Fett

Inhalt

LOW FETT 30 ... vegetarisch

Küche ohne Fleisch setzt sich immer mehr durch. Zum einen machen die vielen Fleischskandale in den letzten Jahren wenig Mut, zum anderen hat eine wachsende Zahl von Verbrauchern Probleme mit der Haltung, Versorgung und Schlachtung von Nutztieren. Vegetarier leben länger. Sagen die Statistiken. Dennoch leben längst nicht alle wirklich gesund, allerdings hat der Begriff des »Vegetarier-Cholesterins« einen festen Platz in der Diagnostik gefunden: Ein erhöhter Cholesterinspiegel aufgrund des vermehrten Verzehrs von Butter, Käse, Schmand und Sahne. Ein Problem, mit dem ebenfalls viele nicht vegetarische Vollwertköstler zu kämpfen haben.

Kochen ohne Fleisch – und das auch noch fettarm? Schmeckt das überhaupt noch nach irgendwas? Wir haben es geschafft, unsere vegetarischen Gerichte so zu komponieren, dass sie alle samt und sonders LOW FETT 30 sind.

Was ist LOW FETT 30?

»Low fat«, den Begriff kennen Sie ja sicher, heißt wenig oder gering Fett. Was aber »gering« ist, entzieht sich dem Verbraucher. Ist »gering« schon erzielt, wenn 30 Prozent, 40 Prozent weniger Fett im jeweiligen Gericht drin sind als bei einem unveränderten Gericht? Oder bedeutet »gering« nur 4 Gramm Fett, wie es die neuen EU-Richtlinien vorsehen – gleichgültig, um welche Produktgruppe es sich handelt?

Da weder die eine noch die andere Auslegung in eine für den Verbraucher brauchbare Richtung geht, gibt es LOW FETT 30: Maximal 30 Prozent der Kalorien sollen aus Fett kommen. Das ist eine von zehn Empfehlungen der Deutschen Gesellschaft für Ernährung (DGE) zum Thema Essen.

30 Prozent der Kalorien aus Fett ist nicht identisch mit 30 Prozent Fett (also 30 g Fett bei 100 g Gesamtmenge), ist nicht identisch mit 30 Prozent Fett in Trockenmasse, wobei sich der reale Fettanteil aufgrund des Feuchtanteils ständig verschiebt, sondern es bedeutet: Nicht mehr als 30 Prozent des Brennwertes (der Kalorien!) soll aus Fett herkommen.

Dazu muss man wissen, dass 1 Gramm Fett 9 Kalorien hat, 1 Gramm Kohlenhydrate bzw. 1 Gramm Eiweiß hingegen nur 4 Kalorien. Sie können also 2 Gramm von Kohlenhydraten bzw. Eiweiß essen und haben immer noch nicht den Wert von 1 Gramm Fett erreicht. Um nun den Prozentanteil der Kalorien zu errechnen, die aus Fett kommen, müssen Sie die Formel im Kasten anwenden.

Das ist die Fettformel

$$\frac{\text{g Fett x 9 kcal x 100}}{\text{\% kcal aus Fett (Fettkalorien)}} = \text{Gesamtkalorien}$$

Wenn Sie eine Nährwertangabe heranziehen – suchen Sie sich einfach einen beliebigen Wert aus der Nährwerttabelle dieses Buches aus – finden Sie da zwei wichtige Werte: die Grammanzahl Fett (z. B. 3 g) und die Gesamtkalorien (z. B. 125 kcal) bezogen auf eine Einheit, in aller Regel 100 Gramm. Setzen Sie diese Werte in die Formel ein: 3 g Fett x 9 kcal x 100 = 2700 : 125 = 21,6 %. Dieses Produkt liegt mit 21,6 Prozent unter 30,0 Prozent und ist somit LOW FETT 30.

Wir nehmen in der Regel die Werte für 100 Gramm, weil dieser Wert, wenn man überhaupt Nährwerte in Deutschland deklariert, in jedem Fall angegeben werden muss; die Nährwertangaben pro Portion (z. B. 175 g) sind dagegen eine zusätzliche, freiwillige Angabe des Herstellers. Für die Prozentangabe ist es nämlich egal, ob Sie jetzt von den 100-Gramm-Werten ausgehen oder von 2000-Kilogramm-Werten. Der Prozentanteil der Kalorien aus Fett ist identisch, weil mit der Erhöhung der Menge der Wert für Kalorien und Fett direkt proportional ebenfalls steigt.

Spielen die Kalorien eine Rolle?

Natürlich spielen Kalorien eine Rolle. Essen Sie mehr als Sie benötigen, werden Sie die überschüssige Energie in Form von Fett einlagern. Halten Sie sich aber an die drei Regeln von LOW FETT 30 (siehe Kasten), passiert Folgendes: Sie reagieren auf Ihren Körper, wenn dieser nicht mehr genügend Brennstoff hat. Und Sie essen, bis Sie satt sind. Wenn alles deutlich weniger Fett hat als bisher und Sie zudem auf das Naschen und Knuspern verzichten, werden Sie zwangsläufig weniger Kalorien zu sich nehmen.

LOW FETT 30 hat drei einfache Regeln

1. Essen Sie, wenn Sie Hunger haben.
   Das bedeutet, Sie sollen essen, wenn sich Ihr Körper meldet und Nachschub braucht. Sie sollen aber nicht aus Langeweile essen, nicht, weil Sie irgendetwas Leckeres nur anlacht, sondern nur, wenn Sie auch wirklich Hunger haben.
2. Hören Sie mit dem Essen auf, wenn Sie satt sind.
   Sie sollen sich satt essen. Nicht mit noch knurrendem Magen den Teller wegschieben. Sie sollen nicht versuchen, mit Mini-Portionen Ihren Alltag zu meistern. Aber Sie sollen sich auch nicht voll futtern, nur weil es mal wieder so gut schmeckt.
3. Alles was Sie in den Mund nehmen, soll LOW FETT 30 sein.

Sie könnten natürlich auch einem Kalorienfahrplan folgen – falls Sie das möchten, errechnen Sie bitte auf unserer Internetseite erst einmal Ihren Grundumsatz! Wenn Sie sich jedoch an die drei Regeln halten, reduzieren Sie automatisch Ihre Kalorienzufuhr. Bei einer Ernährung mit 2000 Kalorien auf Basis von 55 Prozent der Kalorien aus Fett (Bundesdurchschnitt) sparen Sie allein schon durch die Umstellung auf LOW FETT 30 etwa 350 Kilokalorien täglich. Das funktioniert natürlich nur, wenn Sie auch bei LOW FETT 30-Süßigkeiten nicht völlig über die Stränge hauen! Wer anfängt, im Rahmen von LOW FETT 30 zwei, drei Tüten LOW FETT 30-Süßigkeiten extra zu verdrücken, wird sicherlich nicht abnehmen.

Die Grundbausteine der Nahrung

Unsere Nahrung besteht aus Fetten, Kohlenhydraten und Eiweiß als Nahrungsbausteine und aus Wasser. Auch wenn sich die Anteile je nach Nahrungsmittel stark unterscheiden, enthält alles, was wir essen, einen oder mehrere dieser Bausteine.

Fett – Speicher für Notzeiten

Fett ist als Speichermasse für schlechte Zeiten gedacht. Unsere persönliche Vorratskammer, wenn Sie so wollen. Damit wir diese Vorratskammer auf »engstem Raum« herumtragen können, hat Fett einen hohen Brennwert (verwertbare Energie) bei wenig Volumen – sonst müssten wir noch mehr Masse mit uns herumschleppen. In guten Zeiten, wenn es viel »Futter« gibt, bauen wir Fettpolster auf, und wenn die Zeiten mager werden, überleben wir diese mageren Zeiten mithilfe unserer Depots. Eine gute Konstruktion, denken Sie nur einmal an die Tiere, die Winterschlaf halten: Sie futtern im Sommer – und im Winter, wenn es nichts zu fressen gibt, überleben sie aufgrund ihrer Fettpolster.

Dieser Mechanismus hat die Tierart »Mensch« bis heute durch Hungersnöte, kalte Winter, Missernten und Kriege gerettet. Bis zur Versorgung unserer Bevölkerung über Supermärkte war dies auch lebenswichtig. Seit rund 60 Jahren wird dieser Mechanismus zum wachsenden Problem: »Futter« ist für die Menschen in den Industrieländern relativ preiswert überall zu bekommen. Und weil Essen so nett ist und Spaß macht und auch noch lecker schmeckt, essen wir mehr, als wir benötigen, und unsere Fettpolster wachsen und wachsen. Mehr als die Hälfte der bundesdeutschen Bevölkerung hat mittlerweile Übergewicht. Tendenz stark steigend!

Essenzielle Fettsäuren

Wer auf fettarme Ernährung umsteigt, neigt schnell dazu zu übertreiben, und verzichtet völlig auf Fett. Wir benötigen nämlich ganz bestimmte Fette für unseren Organismus.

Fett (oder auch Fettsäuren) wird unterschieden in gesättigte, einfach ungesättigte und mehrfach ungesättigte Fettsäuren. Gesättigte Fette sind alle Fette, die von Tieren stammen, also auch die Fette von Tierprodukten wie Milch oder Eiern. Ungesättigte Fettsäuren dagegen sind pflanzliche Fette: Je nach Fettlieferant enthalten sie unterschiedliche Anteile an einfach bzw. mehrfach ungesättigten Fettsäuren.

Optimal ist ein einigermaßen gleichmäßiger Mix aus allen Fettsäuren, wobei wir Ihnen, wenn Sie mit LOW FETT 30 auch abnehmen möchten (und nicht einfach »nur« gesünder leben wollen) empfehlen, Ihren Fettbedarf über die ungesättigten Fette zu decken. Diese Fettsäuren sind nämlich essenziell, das heißt lebensnotwendig, und da man sie nicht wie das tierische Fett selbst bilden kann, müssen

sie von außen zugeführt werden. Es reichen aber geringe Mengen, wie z.B. 2 Esslöffel Olivenöl, eine Hand voll Nüsse oder Sämereien (Leinsamen, Sonnenblumen, Sesam, Mohn etc.).
Ungesättigte Fette werden leichter ranzig als gesättigte: Kaufen Sie deshalb stets nur kleine Mengen und bewahren Sie diese nach dem Öffnen in einer Flasche bis zum Verzehr kühl und dunkel auf.

Kohlenhydrate – je komplexer, desto vollwertiger

Kohlenhydrate sind das Normalbenzin unseres Körpers: Sie wärmen uns, liefern uns Denkfutter und sorgen für die generelle Grundversorgung. Kohlenhydrate basieren biochemisch alle auf einem einzigen Grundbaustein, dem Glukose-Molekül. Je nach Kohlenhydratart sind die Glukose-Moleküle zu mehr oder minder langen Ketten verbunden. Zucker, Stärke und Ballaststoffe sind alles Glukose-Ketten, die im Rahmen der Verdauung zerhackt werden, bis dem Körper das einzelne Molekül vorliegt, das er dann verwerten kann. Je länger eine solche Kette von Glukose-Molekülen ist, umso länger benötigt der Körper, bis er an die einzelnen Moleküle herankommt. Bei Ballaststoffen, den so genannten komplexen Kohlenhydraten, gelingt ihm diese Aufspaltung überhaupt nicht. Deswegen können Ballaststoffe vom menschlichen Organismus nicht verwertet werden. Sie füllen lediglich den Magen und pflegen den Darm, erhöhen aber nicht den Blutzuckerspiegel. Bei Ketten dagegen, die der Organismus aufspalten kann, wandert jedes Zucker-Molekül ins Blut – bei kurzen Ketten (also Haushaltszucker, Honig, Melasse etc.) schnell, bei Mehl und Getreide, bei Hülsenfrüchten, Obst und Gemüse etwas langsamer.

Die Bauchspeicheldrüse in Aktion

Damit wir keinen Zuckerschock erleiden, schüttet die Bauchspeicheldrüse in dem Moment Insulin aus, wo der Blutzuckerspiegel steigt – sprich, wenn wir kohlenhydrathaltige Nahrung zu uns nehmen – und riegelt somit den Blutzuckeranstieg nach oben hin ab. Sie können sich vorstellen, dass die Bauchspeicheldrüse ganz schön hektisch reagieren muss, wenn wir eine Flasche gezuckerte Limonade trinken.
Bei ballaststoffreichen Produkten wie Vollwertmehl, Gemüse oder bestimmten Obstsorten ist die Aufspaltung der Glukose-Anteile langsamer und der Stress für die Bauchspeicheldrüse viel geringer, der Blutzuckeranstieg erfolgt sanft, die Insulinausschüttung ist moderat – Ihr Körper hat es damit wesentlich gemütlicher. Der logische Schluss: Essen Sie viel Gemüse, nach Möglichkeit Vollwertgetreide, Vollwertreis und Vollwertnudeln und

Obst mit Ballaststoffen, wie Äpfel, Birnen, Him-, Johannisbeeren, Pfirsiche, Pflaumen und Co., und verwenden Sie wenig Zucker.

Süßschnäbel aufgepasst!

Sie können ohne Süßigkeiten nicht leben? Zum Abnehmen ist das erst einmal nicht so dramatisch, wenn es LOW FETT 30-Süßigkeiten wie Gummibärchen, Schaumwaffeln, Schokolinsen oder After Eight sind. Wenn Sie also der Süßhunger packt, beruhigen Sie Ihre Zuckernerven eben damit und lassen Sie einfach die fetten Süßigkeiten liegen. Sie werden schon nach einer kurzen Zeit mit LOW FETT 30 merken, dass der Süßhunger nach und nach weniger wird.

Auf tierisches Eiweiß nicht verzichten

Eiweiß oder Protein unterscheiden wir nach seiner Herkunft in pflanzliches und tierisches Eiweiß. Pflanzliches und tierisches Eiweiß liefert das gesamte Spektrum des Baumaterials für unsere Zellen, unser Immunsystem und unsere Körperflüssigkeiten. Ideal ist es, tierisches und pflanzliches Eiweiß gleichermaßen aufzunehmen, damit der Körper in den Genuss der gesamten Bandbreite an Proteinen – und damit Bausteinen für die Erneuerung von Körperzellen – kommt.

Aus diesem Grund ist eine vegane Ernährung – eine völlig tier-eiweiß-freie Kost, also auch ohne Milchprodukte, ohne Eier – nicht zu empfehlen. Erwägen Sie auch, ob Sie nicht, wie viele Vegetarier, gelegentlich etwas Fisch essen. Fischfleisch hat neben seinem hohen Eiweißgehalt hohe Anteile an essenziellen Aminosäuren und Vitaminen, liefert Spurenelemente und Mineralstoffe.

Soja – vielfältig und reich an Eiweiß

Einer der besten Eiweißlieferanten überhaupt ist Soja. Es wird in allen möglichen Formen, als Sojamilch und -joghurt, Tofu – von soft über geräuchert bis bratfest – oder in fermentierter Form (Miso) angeboten. Es gibt Sojawürstchen, Sojabratlinge und Sojagulasch ... Aber passen Sie bei Fertigprodukten auf: Sie sind sehr, sehr fett und damit zwar gesunde Eiweißlieferanten, für eine LOW FETT 30-Ernährung aber absolut nicht geeignet.

Das gilt auch für die meisten vegetarischen Brotaufstriche und Pasten aus Bioläden und Reformhäusern. Sie enthalten in der Regel mehr als 70 Prozent der Kalorien aus Fett. Sollten Sie also als Vegetarier mit Ihrem Gewicht auf Kriegsfuß stehen, bekommen Sie jetzt vielleicht langsam eine Idee, woher das Übergewicht kommt.

Für Frauen ist Soja besonders interessant: Es liefert so genannte Phyto-Östrogene, also pflanzliches Östrogen, das, wenn sie älter werden, die sinkende Östrogen-Produktion abpuffert. Japanerinnen, deren Kost zu großen Teilen aus Soja besteht, kennen überhaupt keine Wechseljahresbeschwerden. Frauen, deren Hormonproduktion sich ab 40 automatisch nach und nach verschlechtert, können diese mit mehr Soja – Sojamilch statt normaler Milch, Sojajoghurt statt normalen

Joghurts und Tofu – innerhalb weniger Wochen wieder auf Trab bringen. Aber: Soja ist etwas fetter als entsprechende Milchprodukte. Kombinieren Sie Soja deswegen mit Kohlenhydratlieferanten wie Nudeln, Reis oder Brot, damit Sie pro Mahlzeit unter den 30 Prozent der Kalorien aus Fett bleiben!

Trinken Sie ... mehr Wasser!

Wasser ist das natürlichste Getränk, das es gibt. Für den gesamten Zellbetrieb benötigt unser Körper Wasser. Je mehr Sie davon trinken, umso leichter machen Sie es Ihrem Körper bei seinem Stoffwechsel, bei der Ausleitung von Schadstoffen und bei der Wärmeregulation.

Ob Sie nun Mineralwasser mit viel oder wenig Sprudel zu sich nehmen, hängt allein von Ihren persönlichen Vorlieben ab. Sicher ist, dass man Wasser ohne Kohlensäure leichter in großen Mengen trinken kann, weil die Blasen nicht ständig nach oben wollen.

Kaffee und Tee ersetzen Wasser nicht, im Gegenteil, sie entziehen dem Körper Wasser. Wenn Sie also eine Kaffeetante sind oder Ihr Tee-Doping benötigen, ist es besonders wichtig, auch noch in der gleichen Menge Mineralwasser dazu zu trinken. Wählen Sie Wassersorten mit möglichst wenig Natrium, außer im Hochsommer und wenn Sie viel Sport machen, und entscheiden Sie sich für Wasser mit höherem Magnesiumgehalt – Magnesium ist gut für die Muskeln.

Falls Sie Wasser pur nicht herunterkriegen, sind Saftschorlen eine prima Alternative. Je höher Sie den Wasseranteil belassen können, umso besser, denn Säfte bringen rund 50 Kalorien pro 100 Milliliter in die Energiebilanz ein, ohne dass sie nachhaltig sättigen. Dennoch sind sie gesund. Bei 300 Milliliter Saft pro Tag – immer gut mit Wasser verdünnt – erhalten Sie eine zusätzliche Vitaminration. Kaufen Sie aber Säfte immer ohne Zuckerzusätze. Direktsäfte sind die Säfte im Regal, die bis auf eine kurze, gesetzlich vorgeschriebene, Mindesterhitzung naturbelassen sind. Schauen Sie beim Einkaufen immer auf das Etikett, ob auch wirklich kein Zucker (oder Glukose-Sirup o. Ä.) aufgelistet ist.

... aber weniger Alkohol!

Alkohol hat zwar kein Fett aber 7 leere Kalorien pro Gramm. Pro 100 Milliliter Wein führen Sie sich also etwa 91 Kalorien extra zu. Und mal ehrlich: Bleibt es bei Ihnen bei 100 Millilitern? Abgesehen von dem leeren Brennwert macht Alkohol ab einer gewissen Menge auch noch unglaublich verfressen, womit dann das Schicksal der Dose Erdnüsse ebenfalls besiegelt ist.

Unser Tipp: Wenn Sie wirklich gerne Wein oder Bier trinken, sollten Sie nicht auf Total-Askese schalten, weil dann immer die Gefahr besteht, sich von allem »Irdischen« ausgeschlossen zu fühlen. Besser ist es, einen gesunden Mittelweg zwischen Genuss und Verzicht zu finden. Solange der Genuss von Alkohol auf gelegentliche Ausnahmen beschränkt bleibt, werden Sie damit Ihre Gewichtsabnahme nicht aufhalten.

Bewegung für Körper und Geist

Bewegung ist wichtig. Wissen Sie. Ist klar. Aber bitte rennen Sie jetzt nicht sofort in das nächste Studio, um sich da wie verrückt abzurackern. Egal auf welchem Level Sie sind: Starten Sie langsam und überfordern Sie Ihren Körper nicht. Und falls Sie bereits seit Jahren viel Sport machen, z. B. viermal Fitnessstudio pro Woche, jeden Tag joggen etc., dann widerstehen Sie der Versuchung, die Dosis nochmals zu erhöhen, um schneller abzunehmen. Buchen Sie lieber zusätzlich einen Kurs, der Ihre mentale Balance fördert, wie Tai-Chi oder Joga – dann sind Sie auch nicht so anfällig gegen Fressattacken.

Ideal ist Sport dann, wenn er sowohl Körper als auch Geist anspricht, Anspannung wie Entspannung bietet, High Speed wie Low Speed. Dann ist es nämlich für Ihren Körper auch viel schwerer, sich auf einen bestimmten Level einzustellen – was ihn dazu bringen wird, etwas mehr aus seiner Reservekammer herzugeben.

Training mit Pulsuhr

Damit Sie den richtigen Rhythmus finden, sich nicht über-, aber auch nicht unterfordern, empfehlen wir Ihnen das Tragen einer Pulsuhr mit der Funktion »own zone«; das ist ein kurzer Check, der Ihnen zeigt, wie Ihr optimaler Trainingspuls denn heute ist.

Besonders wichtig ist das Tragen einer solchen Uhr für alle Jogger, Läufer, Fahrradfahrer und diejenigen, die im Fitnessstudio die Powerkurse wie Spinning oder Tae Boo besuchen. Laute, rhythmische Musik verleitet uns oft dazu, längere Zeit im anaeroben Bereich zu trainieren. Das bedeutet, dass Ihrem Körper nicht mehr genügend Sauerstoff für seine Stoffwechselvorgänge zur Verfügung steht. Kurze Power-Sequenzen (unter 90 Sekunden) dagegen sind in Ordnung, wenn Sie die Leistungsfähigkeit Ihres Herzens erhöhen wollen.

Auch stark Übergewichtigen können wir eine solche Uhr nur wärmstens empfehlen: Denn oft genug fehlt das Körperbewusstsein, was noch im Bereich des Zumutbaren und was für den Körper nicht mehr gut ist. Eine Pulsuhr hilft Ihnen schon einmal, die richtige Pulsfrequenz zu finden. Für eine angemessene Trainingsdauer und -intensität, so, dass Sie zwar trainieren, Ihre Muskeln und Ihre Gelenke aber nicht überfordern, müssen Sie lernen, Ihre Körpersignale wahrzunehmen. Horchen Sie in sich hinein. Und bleiben Sie aufmerksam!

Kein Sport bei Gelenkproblemen?

Gelenkprobleme sind ein häufiger Einwand, um nicht Sport zu machen. Aber: Ihre Gelenke werden schon bei normalen Tätigkeiten beansprucht. Je weniger Muskeln Sie haben, umso mehr schädigen Sie Ihre Gelenke beim Gehen, Sitzen, Liegen. Damit das nicht pas-

siert, sollten Sie jetzt ein paar Wochen etwas die Zähne zusammenbeißen, sich in die Hände eines guten Trainers begeben und ganz gezielt und so gelenkschonend wie möglich Muskeln aufbauen.
Gelenke ohne stützende Muskulatur müssen Sie sich vorstellen wie Reifen ohne Luft – Sie fahren auf den Felgen. Also: Pumpen Sie Ihre Muskeln ein bisschen auf, dann halten Ihre Gelenke auch im Alter besser durch!

Sport ist Mord?

Oh, ja – die Einstellung kennen wir. Wissen Sie, wo die geprägt wurde? Im Sportunterricht! Sport für Noten, für Leistung, im Wettkampf mit anderen. Vergessen Sie das! Vergessen Sie am besten das Wort Sport! Streichen Sie es und ersetzen Sie es durch Sauerstoffkur – denn das ist der eigentliche Nutzen, wenn Sie es richtig machen. Ihr Körper wird mit mehr Sauerstoff versorgt. Sie fühlen sich wohler in Ihrem Körper. Sie spüren sich selbst wieder. Es soll Ihnen nichts weh tun.
Es geht nicht um einen Leistungsvergleich, sondern um die Verbesserung Ihrer persönlichen Leistungsfähigkeit. Wenn diese heute bei minus 200 ist, dann fühlen Sie sich bei minus 150 schon viel, viel besser. Ob die anderen im Wald an Ihnen vorbeisprinten, während Sie schon beim Walking ins Schwitzen kommen, kann Ihnen doch egal sein. Wenn Ihnen sportlich gestählte Körper entgegenkommen, dann schauen Sie einfach weg und sehen Sie sich die Bäume intensiver an. Sie allein sind das Maß für Ihr Leben. Bewegung macht auch geistig munter, macht gute Laune. Sauerstoff sorgt für Glückshormone. Spätestens nach sechs Wochen wissen Sie, was wir damit meinen. Fest versprochen!

Vegetarisch kochen, vegetarisch einkaufen

Als eingefleischter Vegetarier wissen Sie ja schon, worauf Sie bei fertigen Produkten bezüglich der tierischen Anteile achten müssen. Die LOW FETT 30-Küche verhilft Ihnen jetzt zu neuen Geschmackserlebnissen, denn eine fettarme Zubereitung von Gemüse lässt Sie das schmecken, was Sie eigentlich gekauft haben: Gurke schmeckt wie Gurke, Zucchini wie Zucchini, Broccoli wie Broccoli ...
Bei der traditionellen vegetarischen Küche, wo es rein um die Vermeidung von Fleisch und Wurst geht und mit Fett in Form von Käse, Crème fraîche und Sahne gewütet wird, schmeckt immer alles nach Käse und Sahne. Nach Butter. Nach Öl. Und nicht nach Gemüse. Schon nach wenigen Tagen konsequenter LOW FETT 30-Küche werden Sie wahre Highlights erleben. Ihre Geschmacksknospen werden von ihrem Fettfilm befreit – das ist wirklich ein toller Moment, wenn man wieder richtig gut schmeckt.

Tiefkühlgemüse ... ja oder nein?

Die meisten Tiefkühlgemüse haben weit mehr Vitamine als frisch zubereitetes Gemüse aus dem Supermarkt oder dem Bio-Laden. Das liegt daran, dass mit jeder Stunde Lagerung der Sauerstoff, der an das geerntete Gemüse herankommt, die Vitamine zerstört. Tiefkühlgemüse dagegen wird in aller Regel ab Feld verarbeitet – von der Ernte direkt in die Verarbeitung. Wenn die Kühlkette dann nicht unterbrochen wird (durch unsachgemäße Lagerung) haben Sie bei einer schonenden Zubereitung weit mehr Vitamine auf der Gabel als bei Bio-Gemüse, das meist ungekühlt tagelang auf seine Kunden wartet.

Vorsicht bei TK-Pfannengemüse

Es gibt Gemüsemischungen, die sind so vorbereitet, dass man sie nur noch in der Pfanne fertig garen muss. Diese haben auch sehr gesunde Namen, wenn Sie aber das Zutatenverzeichnis lesen, werden Sie feststellen, dass dort Pflanzenmargarine oder Pflanzenöl o. Ä. auftaucht. Das Fett wird nämlich benötigt, um die jeweiligen Würzmischungen an den Kohl oder an die Bohnen zu binden. Leider immer zu viel, als dass das jeweilige Produkt danach noch LOW FETT 30 wäre.
Machen Sie sich den Spaß und wiegen Sie einmal so ein Margarineklötzchen. So etwa 20 Gramm? Das wären 180 Kalorien. Sie müssen dann mindestens 400 Gramm Kartoffeln dazu essen oder 100 Gramm Nudeln, damit das Gesamtwerk unter 30 Prozent der Kalorien aus Fett rutscht.
Besser ist es, das Gemüse ohne Fett zu kaufen und es selbst zuzubereiten, z. B. mit einer feurigen Tomatensauce oder mit einer Soja-Currypasten-Mischung, vielleicht mit einem Schuss Gemüsebrühe. Das hat dann gar kein Fett – und schmeckt genau so, wie Sie es gerne mögen.

Kräuterküche

Es gibt immer wieder neue Gewürzkräuter, die auf dem deutschen Markt heimisch werden. Vor Jahren war es das Basilikum. Erst kannte es keiner, heute kann sich kaum einer mehr einen Tomatensalat ohne Basilikum vorstellen. Derzeit ist der Koriander groß im Kommen – im Kräutertöpfchen, nicht als Trockengewürz. Er schmeckt herrlich exotisch und eignet sich gut für alle Gerichte im Wok. Gehen Sie aber sparsam damit um, der Geschmack ist beim ersten Mal sehr eigenwillig.

Frischer Thymian und frischer Rosmarin sind die Highlights für Kartoffelgerichte und Aufläufe. Auch hier ist frisch einfach viel, viel besser. Wenn Sie einen kleinen Garten haben oder Balkonkästen, können Sie da ja eine eigene Kräuterecke einrichten. Das Beste ist, dass uns diese Gewürze viel Abwechslung bescheren – und damit in Ihrer Küche niemals Langeweile aufkommt.

Die Grundausrüstung einer vegetarischen LOW FETT 30-Vorratskammer

Lebensmittel

- Magerjoghurt und Magerquark
- Getreide, Reis, Nudeln, Kartoffeln
- Tomatensaucen, Tomatenmark
- Sojasauce, Aceto balsamico, Currypaste (für alle, die es scharf mögen)
- Wenig Käse mit viel Geschmack (Parmesan, Roquefort)
- Hochwertige, kaltgepresste Öle (ideal: Olivenöl, Weizenkeimöl, Leinöl etc.)
- Bindemittel oder Speisestärke
- Tiefgekühltes Gemüse
- Sojaprodukte (Tofu in verschiedenen Härtegraden, Sojamilch etc.)

Küchengeräte

- Ein Handhobel (ideal: die Raspeln, die vor Kaufhäusern angeboten werden)
- Eine Küchenmaschine für Teige
- Einen Stabmixer (»Zauberstab«) für die Zubereitung von Saucen
- Gut beschichtete Pfannen
- Ein leichter Wok
- Ein guter Bräter
- Und jede Menge scharfer Messer

Für die »Profis«

- Eine Kartoffelpresse
- Ein Passiersieb
- Juliennereißer
- Melonenstecher
- Und all die feinen anderen Dinge, die es in den tollen Designer-Küchenläden zu kaufen gibt und die das Kochen zu einem herrlichen Vergnügen werden lassen!

Hinweise zu den Rezepten

Hilfreiche Informationen

Am Ende des Buches finden Sie die Bestelladresse für das Buch »Steig ein ... LOW FETT 30«. Es handelt sich dabei um eine fast 80 Seiten starke Broschüre, wo wir bei den Nahrungsmitteln Ross und Reiter nennen. Da werden alle Produktgruppen mit Beispielen genannt, und sie enthält einen Anhang, in dem Sie eine sehr übersichtliche Nährwerttabelle mit den gängigen Produkten finden. Das »Einsteiger-Buch« sollten Sie in jedem Fall haben. Ansonsten laden wir Sie auf unsere Internetseiten (www.lowfett.de) ein. Dort finden Sie ebenfalls Nährwerte, Tipps und Tricks, hilfreiche Adressen und Links, einen Chat und vor allem ein Fragen-Forum, wo Sie alle Sorgen und Probleme rund um LOW FETT 30 loswerden können.

Zubereitungszeiten

Hier steht die Zeit, die Sie benötigen, um das ganze Gericht zuzubereiten. Sollten dabei längere Zeitspannen auftreten, in denen Sie nichts zu tun haben, so sind diese gesondert als Back-, Kühlzeit etc. aufgeführt.

Kalorien- und Nährwertangaben

Sie beziehen sich immer auf 1 Portion bzw. 1 Stück des Gerichts. Bei den Nährwertangaben sind auch die Kohlenhydratmengen ausgewiesen, um den Lesern, die eine Eiweiß-Formula-Diät unter ärztlicher Aufsicht machen, die Portionsberechnungen zu erleichtern.

Hinweis

Bitte beachten Sie, dass Nährwertangaben je nach Datengrundlage variieren können. Außerdem unterliegen die Inhaltsstoffe ein und desselben Lebensmittels natürlichen Schwankungen. Unsere Angaben sind deshalb als Durchschnittswerte anzusehen. In unseren Rezepten verwenden wir bei Milch die 1,5 %-Variante, bei Quark- und Joghurt die 0,1 %-Versionen.

Zutaten

Wenn nicht anders angegeben, geht man bei Obst und Gemüse von ungeputzter Rohware aus. Bei Stückangaben wird auf ein Stück mittlerer Größe Bezug genommen.

Ofentemperaturen

Alle Temperaturen für Backöfen gelten für Elektroöfen ohne Umluftfunktion. Bei Gas- und Umluftöfen bitte die Angaben des Herstellers beachten und die entsprechende Temperatur aus der Bedienungsanleitung Ihres Herdes.

Die Abkürzungen

bzw.	=	beziehungsweise
ca.	=	circa
EL	=	Esslöffel
F.	=	Fett
F. i. Tr.	=	Fett in Trockenmasse
g	=	Gramm
geh.	=	gehäuft
gestr.	=	gestrichen
kcal	=	Kilokalorien (oder einfach: Kalorien)
kg	=	Kilogramm
KH	=	Kohlenhydrate
l	=	Liter
ml	=	Milliliter
Msp.	=	Messerspitze
Päck.	=	Päckchen
Pckg.	=	Packung
TK-	=	Tiefkühl-...
TL	=	Teelöffel
z. B.	=	zum Beispiel

Rezepte

Snacks und Aufstriche

Kartoffelaufstrich mit Knoblauch (im Foto oben)

500 g Kartoffeln
Salz
1/2 Bund Petersilie
5 Knoblauchzehen
150 g saure Sahne
schwarzer Pfeffer
Muskatnuss

Für 4 Personen ▪ Zubereitungszeit: ca. 40 Min. ▪ plus Kühlzeit
Pro Person: 140,8 kcal ▪ 4 g Fett ▪ 21,8 g KH ▪ 25,6 % kcal aus Fett

1 Die Kartoffeln waschen und mit der Schale in Salzwasser weich kochen, abgießen und pellen. Gut auskühlen lassen, am besten über Nacht.

2 Die Petersilie abbrausen, trockenschütteln und die Blättchen von den Stängeln zupfen. Die gepellten Kartoffeln mit den Petersilienblättchen in der Küchenmaschine pürieren.

3 Den abgezogenen Knoblauch dazupressen und mit der sauren Sahne unter die Masse heben. Mit Pfeffer und Muskat würzen.

TIPP: Auf Bauernbrot streichen und etwas grobkörniges Meersalz darüber streuen.
Von uns probiert – schmeckt auch lecker auf Zwieback (z. B. von Brandt).

Kichererbsenpaste mit Oliven (im Foto unten)

1 Dose Kichererbsen (530 g Abtropfgewicht)
50 g entsteinte, schwarze Oliven
1–2 Knoblauchzehen
1 Bund glatte Petersilie
1 EL Olivenöl
Salz
Pfeffer
1 EL Zitronensaft
gemahlener Kumin (Kreuzkümmel)
etwa 40 ml Gemüsebrühe

Für 4 Personen ▪ Zubereitungszeit: ca. 10 Min.
Pro Person: 474,8 kcal ▪ 14,8 g Fett ▪ 59,8 g KH ▪ 28 % kcal aus Fett

1 Die Kichererbsen in ein Sieb geben, abspülen und abtropfen lassen. Ein paar Kichererbsen zum Garnieren beiseite legen. Die Oliven grob hacken, den Knoblauch abziehen, die Petersilie abwaschen, trockenschütteln und Blättchen abzupfen. Alle vorbereiteten Zutaten fein pürieren, dabei das Olivenöl untermischen.

2 Das Püree mit Salz, Pfeffer, Zitronensaft und Kumin würzen. So viel Gemüsebrühe unterrühren, dass das Püree streich- bzw. dipfähig ist. Zum Servieren mit den restlichen Kichererbsen bestreuen.

TIPP: Dazu kräftiges Bauern- oder Fladenbrot und zum Dippen rohes Gemüse wie Gurke, Rettich, Staudensellerie oder Möhren reichen.
Schmeckt auch prima als Belag auf Knusperbrot (z. B. von Gutena Filinchen) für den kleinen Snack zwischendurch.

Kidneybohnenpaste

1 Dose Kidneybohnen (530 g Abtropfgewicht)

1 Knoblauchzehe

1 EL Olivenöl

1 TL Zitronensaft

etwa 30 g Rucolablätter

Salz

Pfeffer

1/4 TL Sambal Oelek oder Cayennepfeffer

Für 4 Personen ■ Zubereitungszeit: ca. 10 Min.
Pro Person: 434 kcal ■ 7 g Fett ■ 66,8 g KH ■ 14,5 % kcal aus Fett

1 Die Kidneybohnen in ein Sieb geben, abspülen und abtropfen lassen. Die Bohnen mit einer Gabel etwas zerdrücken, die abgezogene Knoblauchzehe dazupressen und mit dem Öl und Zitronensaft verrühren.

2 Die Rucolablätter waschen, in Streifen schneiden und darunter mischen. Mit Salz, Pfeffer, Sambal Oelek oder Cayennepfeffer würzen und abschmecken.

TIPP: Ein Vollkorn-Baguette oder Fladenbrot waagerecht durchschneiden, die Paste darauf streichen und das Brot in 3 Zentimeter dicke Scheiben schneiden. Gut verpackt zum Büro oder Picknick mitnehmen.

Remouladensauce

200 g Frühlingszwiebeln und/oder Schnittlauch

2 Zwiebeln

1 Bund Dill

1 Bund Petersilie

50 g Kerbel

250 g saure Gurken aus dem Glas

60 g Kapern

750 g Joghurt (1,5 % F.)

3 EL Aceto balsamico bianco

Salz

Pfeffer

Für 10 Personen ■ Zubereitungszeit: ca. 25 Min. ■ Marinierzeit: ca. 4 Std.
Pro Person: 50,4 kcal ■ 1,3 g Fett ■ 5,2 g KH ■ 23,2 % kcal aus Fett

1 Das Gemüse und die Kräuter putzen, waschen, die Zwiebeln abziehen und alles sehr klein hacken. Die Gurken und Kapern abtropfen lassen und fein schneiden.

2 Den Joghurt mit dem Essig verrühren, die restlichen Zutaten gut untermischen, mit Salz und Pfeffer abschmecken und mindestens 4 Stunden im Kühlschrank durchziehen lassen.

TIPP: Die Remouladensauce hält sich gut gekühlt nur etwa 3 Tage.

Frischkäse-Taler

Für 15 Stück ■ Zubereitungszeit: ca. 15 Min. ■ Abtropfzeit: ca. 8 Std.
Pro Stück: 16 kcal ■ 0,5 g Fett ■ 1,5 g KH ■ 28 % kcal aus Fett

1 Ein Sieb mit Küchenpapier auslegen und auf eine Schüssel setzen. Den Joghurt hineingeben und mindestens 8 Stunden im Kühlschrank stehen lassen.
2 Den abgetropften Frischkäse (ca. 200 g) in einer Schüssel mit Tomatenmark, Cayennepfeffer, Salz und Pfeffer verrühren, würzen und abschmecken.
3 Den Schnittlauch waschen, trockenschütteln und in feine Röllchen schneiden. Die Pumpernickelscheiben mit dem Frischkäse bestreichen und die Schnittlauchröllchen darauf verteilen.

500 g Joghurt (1,5 % F.; ohne Bindemittel wie Gelatine)

2 EL Tomatenmark

1 Prise Cayennepfeffer

Salz

Pfeffer

1 Bund Schnittlauch

15 runde Pumpernickelscheiben

Weizenfladen

Für 4 Stück ■ Zubereitungszeit: ca. 10 Min. ■ Ruhezeit: ca. 30 Min. ■ Backzeit: ca. 25–30 Min.
Pro Stück: 196 kcal ■ 6 g Fett ■ 30 g KH ■ 28 % kcal aus Fett

1 Das Weizenvollkornmehl mit 150 Gramm kaltem Wasser, dem Öl und den Gewürzen zu einem mittelfesten Teig verkneten und diesen am besten im Kühlschrank mindestens 30 Minuten ruhen lassen.
2 Den Teig in 4 gleich große Stücke teilen und auf einer leicht bemehlten Arbeitsfläche zu etwa 1/2 Zentimeter dünnen Fladen ausrollen.
3 Den Teig auf ein mit Backpapier ausgelegtes Backblech geben und mit Basilikum und Oregano bestreuen. Das Blech auf die mittlere Leiste in den kalten Backofen schieben und bei 200 °C etwa 25 bis 30 Minuten backen. Auskühlen lassen.

200 g Weizenvollkornmehl

2 EL Sonnenblumenöl

1/2 TL Salz

1 TL Kümmel

1 TL gemahlener Koriander

getrocknetes Basilikum und Oregano zum Bestreuen

etwas Mehl zum Bearbeiten

Buntes Gemüse-Relish »provençale« (Foto)

je 100 g rote, grüne und gelbe Paprikaschoten
300 g Tomaten
200 g Auberginen
200 g Zucchini
(Gemüse vorbereitet gewogen)
3 Knoblauchzehen
1 EL Tomatenmark
1/4 l Weißwein
50 ml Weißweinessig
1/2 Pckg. Gelierzucker (250 g; z. B. Dr. Oetker Extra)
Salz
Cayennepfeffer
Thymianblättchen

Für 6 Gläser ■ Zubereitungszeit: ca. 30 Min.
Pro Portion: 230 kcal ■ 0,8 g Fett ■ 8,3 g KH ■ 1 % kcal aus Fett

1 Die Paprikaschoten putzen, halbieren, die Kerne und weißen Innenhäute entfernen. Früchte waschen, abtropfen lassen, fein schneiden und je 100 Gramm abwiegen.

2 Die Tomaten waschen, abtropfen lassen, kreuzweise einschneiden, kurz in kochendes Wasser legen und in kaltem Wasser abschrecken. Enthäuten, Stielansätze entfernen, das Fruchtfleisch würfeln und davon 300 Gramm abwiegen.

3 Die Auberginen und Zucchini putzen, waschen und abtropfen lassen. Früchte fein schneiden und je 200 Gramm abwiegen. Die Knoblauchzehen abziehen und zerdrücken.

4 Alle Zutaten mit Tomatenmark, Wein, Essig und Gelierzucker in einen Kochtopf geben, unter Rühren zum Kochen bringen und 5 Minuten kochen lassen, dabei ab und zu umrühren.

5 Relish mit Salz und Gewürzen abschmecken und sofort randvoll in vorbereitete Gläser füllen. Mit Twist-off-Deckeln® verschließen, umdrehen und etwa 5 Minuten auf dem Deckel stehen lassen.

Nuss-Rosinen-Brot

200 g Rosinen
100 ml Apfelsaft
75 g Haselnüsse
300 g Weizenvollkornmehl
200 g Dinkelmehl
2 gestr. TL Salz
1 Würfel frische Hefe
etwa 300 ml Milch (1,5 % F.)
1 TL Honig

Für 1 Brot à 20 Scheiben ■ Zubereitungszeit: ca. 20 Min. ■ Gehzeit: ca. 1 Std. 30 Min. ■ Backzeit: ca. 45 Min.
Pro Scheibe: 144,4 kcal ■ 3,1 g Fett ■ 17,5 g KH ■ 19,3 % kcal aus Fett

1 Die Rosinen in Apfelsaft einweichen. Die Haselnüsse grob hacken und in einer beschichteten Pfanne leicht rösten.

2 Aus Mehl, Salz, Hefe, Milch und Honig einen Hefeteig kneten. Falls der Teig nicht geschmeidig wird, noch etwas Milch hinzufügen. Den Teig mit einem Geschirrtuch abdecken und etwa 1 Stunde an einem warmen Ort gehen lassen.

3 Die Rosinen abgießen, gut abtropfen lassen und mit den Haselnüssen unter den Hefeteig kneten.

4 Den Teig in eine mit Backpapier ausgelegte Kastenform füllen und noch einmal etwa 30 Minuten gehen lassen. Den Backofen auf 200 °C vorheizen.

5 Das Nuss-Rosinen-Brot im Backofen etwa 45 Minuten backen.

Broccoli-Pfifferling-Sülzchen mit Petersiliensahne

300 g Broccoli
100 g Pfifferlinge
1 Zwiebel
1 geh. TL Agar Agar
1 EL Weißweinessig
1 TL gekörnte Gemüsebrühe
1 Becher saure Sahne (200 g)
je 1 Prise Salz, Zucker, Pfeffer
2 EL gehackte Petersilienblättchen
4 Scheiben Toastbrot

Für 4 Personen ▪ Zubereitungszeit: ca. 30 Min. ▪ Kühlzeit: ca. 3 Std.
Pro Person: 163 kcal ▪ 5 g Fett ▪ 18 g KH ▪ 28 % kcal aus Fett

1 Den Broccoli putzen, waschen und in kleine Röschen teilen. Die Pfifferlinge putzen. Die Zwiebel abziehen und in kleine Würfel schneiden.
2 Die Zwiebelwürfel in wenig Wasser andünsten. Die Pilze und den Broccoli dazugeben, 5 Minuten dünsten, abkühlen lassen.
3 In einem Topf das Agar Agar in 1/2 Liter kaltes Wasser einrühren, mit dem Essig zum Kochen bringen und die Gemüsebrühe darin auflösen.
4 Das Gemüse in vier kleine Förmchen aufteilen und mit der Brühe aufgießen. Zugedeckt im Kühlschrank in etwa 3 Stunden fest werden lassen.
5 Die Sahne mit Salz, Zucker, Pfeffer und Petersilie verrühren, zu den gestürzten Sülzchen und getoasteten Brot servieren.

Rotweinzwiebeln

500 g kleine Zwiebeln oder Schalotten
1/2 l Rotwein
1/4 l Rotweinessig
1 1/2 TL Salz
6 EL Zucker
4–5 Lorbeerblätter

Für 4 Personen ▪ Zubereitungszeit: ca. 35 Min. ▪ Marinierzeit: ca. 2–3 Tage
Pro Person: 171 kcal ▪ 0,5 g Fett ▪ 23,5 g KH ▪ 2 % kcal aus Fett

1 Die Zwiebeln oder Schalotten abziehen.
2 Die restlichen Zutaten in einen Topf geben und aufkochen. Zwiebeln oder Schalotten hinzufügen und zugedeckt etwa 20 Minuten bei schwacher Hitze kochen.
3 Die Rotweinzwiebeln im Sud auskühlen lassen, in Gläser füllen und zugedeckt 2 bis 3 Tage durchziehen lassen.

Kürbisstückchen süßsauer

Für ca. 10 Gläser à 1/4 l Inhalt ■ Zubereitungszeit: ca. 40 Min. ■ Marinierzeit: ca. 12 Std.
Pro Glas: 655 kcal ■ 0,2 g Fett ■ 160 g KH ■ 0,3 % kcal aus Fett

- 2 kg festes Kürbisfleisch
- 1/2 l Weinessig
- 1,5 kg Einmachzucker
- 1 kleines Stück frischer Ingwer
- 1 Zimtstange
- Saft und Schale von 1 unbehandelten Zitrone

1 Das Kürbisfleisch in kleine Würfel schneiden. Essig und 1/2 Liter Wasser aufkochen, über die Kürbiswürfel geben und mindestens 12 Stunden stehen lassen.

2 Die Kürbisstückchen herausnehmen, die Essiglösung mit Zucker und Gewürzen wieder aufkochen und die Kürbisstückchen darin glasig kochen. Mit einem Schaumlöffel herausnehmen und in die Gläser füllen.

3 Die Essig-Zucker-Lösung etwas einkochen lassen und kalt über die Kürbisstückchen gießen. Die Gläser verschließen und kühl aufbewahren.

Fruchtige Müsliriegel

Für ca. 20 Riegel ■ Zubereitungszeit: ca. 10 Min. ■ Backzeit: ca. 40 Min.
Pro Stück: 112,8 kcal ■ 2,5 g Fett ■ 17,9 g KH ■ 19,9 % kcal aus Fett

- 100 g Mehl
- 200 g Früchtemüsli (ohne Zuckerzusatz)
- 100 g zarte Haferflocken
- 1 1/2 TL Backpulver
- 1 EL Zimt
- 50 g Sonnenblumenkerne
- 9 getrocknete Pflaumen
- 100 g Apfelmus (Glas)
- 100 g Honig

1 Den Backofen auf 160 °C vorheizen. Mehl, Früchtemüsli, Haferflocken, Backpulver, Zimt und Sonnenblumenkerne vermischen.

2 Die Pflaumen mit 3 Esslöffeln Wasser pürieren. Das Apfelmus, Pflaumenpüree und den Honig zur Müslimischung geben und vermengen.

3 Diese feste Masse gleichmäßig auf ein mit Backpapier ausgelegtes Backblech streichen und etwa 40 Minuten backen.

4 Die Müsliplatte abkühlen lassen und mit einem scharfen Messer vorsichtig in etwa 20 längliche Riegel schneiden.

TIPP: In einer Dose verpackt, sind diese Riegel wochenlang haltbar.

Knackige Salate

Chinakohlsalat mit Walnüssen (Foto)

400 g Chinakohl
1 Dose Ananasstücke (236 ml Abtropfgewicht)
2 Orangen
1 Apfel
1 EL Aceto balsamico
1 TL Sonnenblumenöl
1 EL Ahornsirup
2 EL grob gehackte Walnusskerne

Für 4 Personen ■ Zubereitungszeit: ca. 15 Min.
Pro Person: 112 kcal ■ 3,2 g Fett ■ 18,6 g KH ■ 25,7 % kcal aus Fett

1 Den Chinakohl putzen, waschen und in Streifen schneiden. Die Ananasstücke abtropfen lassen.

2 1 Orange mit einem Messer schälen, dabei die weiße Haut entfernen und die Spalten aus den Trennhäuten schneiden, den Saft auffangen. Die andere Orange auspressen. Den Apfel waschen, schälen, das Kerngehäuse entfernen und das Fruchtfleisch in Scheiben schneiden.

3 Den Essig mit dem Sonnenblumenöl, Ahornsirup und Orangensaft verrühren. Mit den Salatzutaten mischen und die Walnusskerne darüber streuen.

Blattsalat mit Joghurt-Dressing

1 Kopfsalat
150 g Magerjoghurt
1 EL Essig
1 TL Senf
frische Kräuter wie Petersilie, Schnittlauch, Dill
Salz
Pfeffer

Für 4 Personen ■ Zubereitungszeit: ca. 5 Min.
Pro Person: 75 kcal ■ 1 g Fett ■ 2,3 g KH ■ 13 % kcal aus Fett

1 Den Kopfsalat putzen und waschen. Die Blätter in mundgerechte Teile auseinander rupfen.

2 Den Joghurt mit Essig, Senf und Kräutern verrühren, mit Salz und Pfeffer abschmecken und das Dressing über den vorbereiteten Salat geben.

Rohkostsalat mit Kräuter-Dressing

250 g Weißkohl
1 Kohlrabi
2 Möhren
150 g Joghurt (1,5 % F.)
1 EL TK-Kräuter
2 EL Aceto balsamico
Salz, Pfeffer

Für 4 Personen ■ Zubereitungszeit: ca. 15 Min. ■ Marinierzeit: ca. 30 Min.
Pro Person: 176 kcal ■ 1,8 g Fett ■ 29,8 g KH ■ 8,9 % kcal aus Fett

1 Weißkohl, Kohlrabi und Möhren putzen, waschen, eventuell schälen. Den Weißkohl in dünne Streifen hobeln oder schneiden. Den Kohlrabi und die Möhren auf einem Hobel grob raspeln.

2 In einer Schüssel den Joghurt mit den Kräutern und dem Essig verrühren, mit Salz und Pfeffer abschmecken. Das Kräuter-Dressing mit den Salatzutaten mischen und gut durchziehen lassen.

Rote-Bete-Salat

2 Äpfel
400 g Rote Bete
3 Möhren
100 g saure Sahne
1 EL Aceto balsamico
1 EL Mineralwasser
Salz
Pfeffer
1 Schale Kresse

Für 4 Personen ■ Zubereitungszeit: ca. 15 Min.
Pro Person: 112,5 kcal ■ 3 g Fett ■ 18 g KH ■ 24 % kcal aus Fett

1 Die Äpfel waschen, schälen, in Viertel schneiden, das Kerngehäuse entfernen und das Fruchtfleisch würfeln. Rote Bete und Möhren putzen, waschen, schälen und raspeln.

2 In einer Schüssel die Sahne mit dem Essig und Mineralwasser verrühren, mit Salz und Pfeffer abschmecken und mit den Salatzutaten gut mischen.

3 Von der Kresse die Blättchen abschneiden und den Salat damit garniert servieren.

Clementinen in Chicoréeschiffchen

Für 4 Personen ■ Zubereitungszeit: ca. 15 Min. ■ Marinierzeit: ca. 30 Min.
Pro Person: 95,5 kcal ■ 3 g Fett ■ 8,5 g KH ■ 28,5 % kcal aus Fett

5 Clementinen
2 Stauden Chicorée
200 g körniger Frischkäse (20 % F. i. Tr.)
1 TL Meerrettich
Salz
Pfeffer
1 Prise Cayennepfeffer
2 EL Zitronensaft
1 TL Sonnenblumenöl
1/2 Bund Petersilie

1 4 Clementinen so mit dem Messer schälen, dass die weiße Haut auch mit abgeschnitten wird, die Fruchtfilets herauslösen, den Saft auffangen. Die übrige Clementine auspressen.
2 Die Chicoréeblätter abtrennen, waschen, 8 große Blätter zur Seite legen, die restlichen in Streifen schneiden und in eine Schüssel geben.
3 Den Frischkäse mit 2 Esslöffeln Clementinensaft und dem Meerrettich verrühren. Mit Salz, Pfeffer und Cayennepfeffer würzen und mit Clementinenfilets und Chicoréestreifen mischen.
4 Für die Marinade den restlichen Clementinensaft, den Zitronensaft und das Öl verrühren. Mit Salz und Pfeffer würzen. Die Petersilie waschen, trockenschütteln, Blättchen abzupfen, unterrühren und die Marinade über die Salatzutaten gießen. Alles gut mischen, abschmecken und etwa 30 Minuten ziehen lassen.
5 Den Salat auf den vorbereiteten Chicoréeblättern anrichten.

Gurken-Birnen-Salat

Für 4 Personen ■ Zubereitungszeit: ca. 10 Min.
Pro Person: 121,5 kcal ■ 2,5 g Fett ■ 17 g KH ■ 18,5 % kcal aus Fett

Saft von 1 Orange
2 EL Zitronensaft
2 EL körniger Senf
1 TL Honig
1 Prise Salz
2 EL Schnittlauchröllchen
2 Birnen
1 Salatgurke
schwarzer Pfeffer
100 g körniger Frischkäse (20 % F. i. Tr.)
2 EL Kürbiskerne

1 Den Orangen- und Zitronensaft mit Senf, Honig, Salz und den Schnittlauchröllchen verrühren.
2 Die Birnen waschen, halbieren, das Kerngehäuse entfernen und Früchte in dünne Scheiben schneiden. Die Gurke waschen und ebenfalls in Scheiben schneiden oder hobeln.
3 Birnen- und Gurkenscheiben mit Pfeffer würzen und die Salatsauce untermischen. Den Frischkäse und die Kürbiskerne auf dem Salat verteilen.

Gemüsemix mit Meerrettich-Dressing (Foto)

350 g Blumenkohl
300 g Broccoli
300 g Kartoffeln
200 g Möhren
3 TL gekörnte Gemüsebrühe
3 EL Weißweinessig
1 EL Olivenöl
Salz
Pfeffer
1 Schale Kresse
150 ml Kaffeesahne (4 % F.)
2 EL Zitronensaft
1 EL geriebener Meerrettich (Glas)
Zucker

Für 4 Personen ■ Zubereitungszeit: ca. 25 Min. ■ Marinierzeit: ca. 15 Min.
Pro Person: 186,5 kcal ■ 5 g Fett ■ 24 g KH ■ 24 % kcal aus Fett

1 Das Gemüse putzen, waschen, eventuell schälen. Den Blumenkohl und den Broccoli in Röschen teilen, die Broccolistiele in kleine Stücke schneiden. Die Kartoffeln und Möhren in dünne Scheiben schneiden.

2 1/4 Liter Wasser zum Kochen bringen, die Gemüsebrühe darin auflösen. Das Gemüse außer den Broccoliröschen dazugeben und zugedeckt bei schwacher Hitze etwa 7 Minuten dünsten. Die Broccoliröschen hinzufügen und weitere 3 Minuten garen. Das Gemüse abtropfen lassen, dabei die Gemüsebrühe auffangen.

3 Den Weißweinessig, das Öl und 5 Esslöffel der flüssigen Brühe mit Salz und Pfeffer in einer Schüssel verrühren. Die Kresse abschneiden, die Hälfte zur Essig-Öl-Mischung geben. Das warme Gemüse mit der Salatsauce mischen und 15 Minuten durchziehen lassen.

4 Die Sahne mit Zitronensaft, Meerrettich und je 1 Prise Salz und Zucker verrühren und über den Salat geben. Mit der restlichen Kresse bestreuen und servieren.

TIPP: Dazu frisches Bauernbrot reichen.

Broccolisalat mit Senf-Honig-Sauce

500 g Broccoli
1 Banane
2 EL mittelscharfer Senf
1 TL Honig
1 EL Apfelessig
1 TL Sonnenblumenöl
1 EL gehackte Mandeln

Für 4 Personen ■ Zubereitungszeit: ca. 15 Min. ■ Marinierzeit: ca. 1 Std.
Pro Person: 106,8 kcal ■ 3,2 g Fett ■ 13,5 g KH ■ 26,9 % kcal aus Fett

1 Den Broccoli putzen, waschen, in kleine Röschen teilen und in einen Dämpfeinsatz geben. In einem Topf 1 Liter Wasser zum Kochen bringen. Den Dämpfeinsatz mit dem Broccoli so darüber setzen, dass er das Wasser nicht berührt und Broccoli etwa 5 bis 7 Minuten dämpfen. Das Gemüse in kaltem Wasser abschrecken und in einem Sieb abtropfen lassen.

2 Die Banane schälen und in gleich dicke Scheiben schneiden.

3 Den Senf mit Honig, Essig, Sonnenblumenöl und Mandeln verrühren. Die Sauce mit den Broccoliröschen und den Bananenscheiben mischen und etwa 1 Stunde durchziehen lassen.

Bunter Gnocchi-Salat

- 1 Pckg. Gnocchi (400 g)
- Salz
- 2 Tomaten
- 1 gelbe Paprikaschote
- 1 Kugel Zottarella leicht (125 g)
- 1/2 Bund Basilikum
- 3 EL schwarze Oliven
- 1 Pckg. italienische TK-Kräuter
- 3 EL Aceto balsamico bianco
- 1 EL Olivenöl

Für 4 Personen ■ Zubereitungszeit: ca. 20 Min. ■ Marinierzeit: ca. 30 Min.
Pro Person: 437,5 kcal ■ 10,7 g Fett ■ 71 g KH ■ 22 % kcal aus Fett

1 Die Gnocchi in reichlich Salzwasser nach Packungsangabe kochen. Abgießen und abkühlen lassen.

2 Die Tomaten waschen, den Stielansatz entfernen, die Frucht in Achtel schneiden und diese quer halbieren. Die Paprikaschote waschen, Kerne und weiße Innenhäute entfernen und Frucht in Würfel schneiden.

3 Den Käse abtropfen lassen und in Würfel schneiden. Das Basilikum waschen, trockenschütteln, die Blätter von den Stielen zupfen und klein schneiden. Von den Oliven die Kerne herauslösen und Oliven in Streifen schneiden.

4 Italienische Kräuter mit Essig, 3 Esslöffeln Wasser, Öl und 1 Prise Salz verrühren und mit den Salatzutaten mischen. Den Salat etwa 30 Minuten im Kühlschrank durchziehen lassen.

Bauernsalat mit Tsatsiki

- 1/2 Gemüsezwiebel
- 1 kg Tomaten
- 1 Salatgurke (ca. 400 g)
- 2 Knoblauchzehen
- 3–4 EL Kräuteressig
- 1 TL Olivenöl
- je 1 Msp. getrockneter Thymian und Majoran
- Salz, Pfeffer
- 100 g grüne Oliven
- 250 g Magerquark
- 150 g Joghurt (1,5 % F.)

Für 4 Personen ■ Zubereitungszeit: ca. 20 Min.
Pro Person: 165,7 kcal ■ 5,5 g Fett ■ 12 g KH ■ 29,8 % kcal aus Fett

1 Das Gemüse putzen und waschen, die Zwiebel abziehen. Tomaten, Zwiebel und drei Viertel der Gurke in Scheiben schneiden.

2 1 Knoblauchzehe zerdrücken. Den Essig, 2 Esslöffel Wasser, Öl, die zerdrückte Knoblauchzehe und Gewürze miteinander verrühren, mit Salz und Pfeffer würzen und über das Gemüse geben. Die Oliven hinzufügen, alles vermengen und etwas ziehen lassen.

3 In der Zwischenzeit die andere Knoblauchzehe zerdrücken. Den Rest von der Gurke raspeln, ausdrücken und mit Quark, Joghurt und Knoblauch glatt rühren. Mit Salz und Pfeffer abschmecken. Den Bauernsalat mit dem Tsatsiki servieren.

Kichererbsensalat

Für 4 Personen ■ Zubereitungszeit: ca. 15 Min.
Pro Person: 332,3 kcal ■ 6,3 g Fett ■ 48 g KH ■ 17 % kcal aus Fett

1 Die Kichererbsen abgießen und abtropfen lassen. Die Möhren und die Frühlingszwiebeln putzen bzw. schälen und waschen. Die Möhren in dünne Streifen, die Frühlingszwiebeln in feine Ringe schneiden. Die Gurke waschen, der Länge nach vierteln und in dickere Scheiben schneiden.

2 Das Gemüse vermengen, mit Salz und Pfeffer würzen und abschmecken. Mit Zitronensaft beträufeln, sofort servieren oder kalt stellen und später reichen.

400 g Kichererbsen (Dose)
4 Möhren
1 Bund Frühlingszwiebeln
1 Salatgurke
1/2 TL Salz
1/2 TL Pfeffer
3 EL Zitronensaft

Couscous-Salat mit Erbsen und Rosinen

Für 8 Personen ■ Zubereitungszeit: ca. 20 Min. ■ Marinierzeit: ca. 1 Std.
Pro Person: 241,6 kcal ■ 4,4 g Fett ■ 35,5 g KH ■ 16,3 % kcal aus Fett

1 Den Couscous, die Rosinen oder Pflaumen, Erbsen und den Curry in einem Topf mit 1/2 Liter Salzwasser zum Kochen bringen. Abschalten und zugedeckt 10 Minuten quellen lassen.

2 Inzwischen die Frühlingszwiebeln putzen, waschen und in feine Ringe schneiden. Mit dem Basilikum und den abgetropften Kichererbsen zum Couscous geben und untermischen.

3 Für das Dressing alle Zutaten miteinander verrühren und über den Salat gießen. Den Salat vermengen und im Kühlschrank 1 Stunde ziehen lassen.

Für den Salat

200 g Couscous (grober Hartweizengrieß)
50 g Rosinen oder getrocknete, geschnittene Pflaumen
100 g TK-Erbsen, 1 TL Currypulver
Salz, 1–2 Frühlingszwiebeln
4 EL gehackte Basilikumblätter
1 Glas Kichererbsen (285 g)

Für das Dressing

5 EL Zitronensaft
5 EL Saft + 1 EL abgeriebene Schale einer unbehandelten Orange
1 1/2 EL Olivenöl, 1/2 TL Salz
1/4 TL schwarzer Pfeffer
2 zerdrückte Knoblauchzehen

Spargelsalat grün-weiß (Foto)

Für den Salat

200 g weißer Spargel
200 g dünner grüner Spargel
150 g Zuckerschoten
6 EL Kräuteressig
4 EL Zucker, 1 TL Salz
1 EL Sonnenblumenöl
100 g Alfalfa-Keimlinge

Für das Orangen-Dressing

150 g saure Sahne
3 EL Orangensaft
2 TL Bienenhonig
etwas Worcestersauce
Salz, Pfeffer

Für 4 Personen ■ Zubereitungszeit: ca. 30 Min. ■ Marinierzeit: ca. 30 Min.
Pro Person: 214,5 kcal ■ 6,8 g Fett ■ 32 g KH ■ 28,3 % kcal aus Fett

1 Das Gemüse waschen. Die unteren Enden von dem Spargel abschneiden, die Stangen schälen (bei dem grünen Spargel nur das untere Drittel). Die Spargelspitzen einschließlich knapp ein Drittel der Stange abschneiden und die übrigen Spargelstücke in dünne Scheiben schneiden. Von den Zuckerschoten die Enden abschneiden.

2 Essig, Zucker und Salz in einem Topf aufkochen, das Öl hinzufügen und die Marinade heiß über den gesamten Spargel und die Zuckerschoten geben. Alles abgedeckt etwa 30 Minuten durchziehen lassen. Die Keimlinge abspülen.

3 Für das Orangen-Dressing die saure Sahne mit Orangensaft, Honig, Worcestersauce, Salz und Pfeffer verrühren. Den Spargel mit den Zuckerschoten auf einem Teller anrichten, das Dressing darüber geben und mit den Keimlingen bestreuen.

TIPP: Wer es nicht ganz so knackig mag, kann den weißen Spargel etwa 15 Minuten, die Zuckerschoten und den grünen Spargel 5 Minuten in kochendem Salzwasser garen.

Rote-Bete-Kartoffel-Salat

500 g Kartoffeln
250 g gekochte Rote Bete in Scheiben
1 Knoblauchzehe, 1 EL Olivenöl
2 EL gekörnte Gemüsebrühe
2 EL Rotweinessig
2 EL frisch gehackter Dill
Salz, Pfeffer
1/2 Salatgurke
2 große Dillgurken
1 rote Zwiebel

Für 4 Personen ■ Zubereitungszeit: ca. 30 Min.
Pro Person: 143,3 kcal ■ 2,8 g Fett ■ 24 g KH ■ 17,3 % kcal aus Fett

1 Die Kartoffeln waschen, schälen, in kleine Würfel schneiden und 15 Minuten kochen. Abgießen, etwas abkühlen lassen und mit den Rote-Bete-Scheiben mischen.

2 Den Knoblauch abziehen und klein hacken, mit Öl, Gemüsebrühe, Essig und Dill verrühren. Mit Salz und Pfeffer abschmecken.

3 Die Salatgurke waschen und ebenso wie die Dillgurken in Scheiben schneiden. Die Zwiebel abziehen, halbieren und in feine Halbringe schneiden.

4 Eine Servierplatte mit den Gurkenscheiben und Zwiebelringen auskleiden, die Kartoffeln und die Rote Bete mittig anrichten. Das Dressing über den Salat geben und sofort servieren.

Lauch-Kartoffel-Salat

500 g kleine Kartoffeln
Salz
300 g Lauch
2 Zwiebeln
1 Bund Dill
1 TL Öl
150 g Joghurt (1,5 % F.)
150 ml Milch (1,5 % F.)
1 EL Aceto balsamico bianco
Pfeffer

Für 4 Personen ■ Zubereitungszeit: ca. 30 Min. ■ plus Marinierzeit
Pro Person: 158,8 kcal ■ 2,8 g Fett ■ 25,5 g KH ■ 15,6 % kcal aus Fett

1 Die Kartoffeln waschen und in leicht gesalzenem Wasser in etwa 20 Minuten weich kochen.

2 Den Lauch putzen, waschen und in Ringe schneiden. Die Zwiebeln abziehen und fein würfeln. Den Dill abspülen, trockenschütteln und fein hacken. Das Öl in einer beschichteten Pfanne erhitzen, die Zwiebelwürfel und Lauchringe hinzufügen und unter Rühren glasig anbraten, eventuell etwas Wasser dazugeben.

3 Die Kartoffeln abgießen, mit kaltem Wasser übergießen und pellen. Die Kartoffeln je nach Größe halbieren.

4 Den Joghurt, die Milch und den Essig miteinander verrühren und über die Kartoffeln geben. Die Lauch-Zwiebel-Mischung unterrühren.

5 Den Salat am besten über Nacht im Kühlschrank durchziehen lassen und vor dem Servieren mit Salz und Pfeffer würzen und abschmecken.

Gemüsesalat mit Nudeln

125 g Magerquark
100 g Joghurt (1,5 % F.)
2 EL Aceto balsamico bianco
50 g Tomatenketchup
2 Knoblauchzehen, 1 Zwiebel
1 Pckg. TK-8-Kräuter
Salz, Pfeffer
1–2 Tropfen Tabasco oder Cayennepfeffer
350 g Blumenkohlröschen
350 g Broccoliröschen
100 g Möhren
125 g kurze Makkaroni
50 g Mais (Dose)

Für 4 Personen ■ Zubereitungszeit: ca. 25 Min. ■ Marinierzeit: ca. 1 Std.
Pro Person: 223,6 kcal ■ 1,5 g Fett ■ 35,5 g KH ■ 5,8 % kcal aus Fett

1 Den Quark, Joghurt, Essig und Tomatenketchup miteinander verrühren. Knoblauch und Zwiebel abziehen, Knoblauch zerdrücken, Zwiebel fein würfeln und mit den Kräutern zu der Quarkmischung hinzufügen. Mit Salz, Pfeffer und Tabasco oder Cayennepfeffer würzen.

2 Die Blumenkohlröschen und Broccoliröschen waschen. Die Möhren putzen bzw. schälen, waschen und in Streifen schneiden. Das Gemüse mit den Nudeln in reichlich Salzwasser nach Packungsangabe für die Nudeln bissfest kochen, abgießen, gut abtropfen und abkühlen lassen.

3 Das Dressing und den Mais unter die Nudeln und das Gemüse mischen. Den Salat kühl stellen und gut durchziehen lassen.

Roter Linsensalat mit Curry und Koriander

Für 4 Personen ▪ Zubereitungszeit: ca. 30 Min.
Pro Person: 298,3 kcal ▪ 7,8 g Fett ▪ 36,3 g KH ▪ 23,4 % kcal aus Fett

1 Die Linsen in einem Topf mit Wasser zum Kochen bringen, in etwa 10 Minuten bissfest kochen, abgießen, abtropfen lassen und mit Salz würzen.

2 Die Zwiebel abziehen und in feine Würfel schneiden, die Knoblauchzehe abziehen und zerdrücken. Die Chilischote waschen, die Kerne und weißen Innenhäute entfernen und Schote in feine Ringe schneiden.

3 In einem Topf das Öl erhitzen, die Zwiebelwürfel und den Knoblauch darin anbraten. Die Chilischote und die Currypaste hinzufügen und unter ständigem Rühren 2 Minuten braten. Mit 3 Esslöffeln Wasser ablöschen, vollständig einkochen, unter die Linsen rühren und abkühlen lassen.

4 Den Essig mit dem Joghurt verrühren, mit Salz und Pfeffer würzen und mit den Linsen vermischen.

5 Den Koriander waschen, trockenschütteln, die Blättchen von den Stielen zupfen und klein schneiden. Die Erdnüsse grob hacken. Den Salat mit der Hälfte des Korianders und der Erdnüsse mischen. Mit den restlichen Erdnüssen und übrigem Koriander garniert servieren.

TIPP: Sie können auch andere Linsen, z. B. braune Linsen, verwenden. Dann verlängert sich jedoch die Garzeit.

300 g rote Linsen
Salz
1 Zwiebel
1 Knoblauchzehe
1 Chilischote
1 EL Sonnenblumenöl
1 EL Currypaste
3 EL Aceto balsamico bianco
6 EL Joghurt (1,5 % F.)
Pfeffer
1 Bund Koriander
3 EL geröstete, gesalzene Erdnüsse

Suppen und Eintöpfe

Feurige Kürbissuppe (Foto)

2 Würfel Gemüsebrühe
250 g Kartoffeln
750 g Kürbis
1 Chilischote
30 g Kürbiskerne
2 Zwiebeln
1 TL Mehl
1 TL Sonnenblumenöl

Für 4 Personen ■ Zubereitungszeit: ca. 25 Min.
Pro Person: 166,5 kcal ■ 5,5 g Fett ■ 22,5 g KH ■ 29,5 % kcal aus Fett

1 1 Liter Wasser zum Kochen bringen und die Brühwürfel darin auflösen.

2 Die Kartoffeln und den Kürbis waschen, schälen und würfeln. Kartoffelwürfel zur Brühe geben und 15 Minuten kochen. Nach 10 Minuten Kürbiswürfel hinzufügen.

3 Die Chilischote waschen, aufschlitzen, Kerne und weißen Innenhäute entfernen. Schote 2 Minuten mitkochen, herausnehmen.

4 Die Kürbiskerne grob hacken und in einer Pfanne ohne Fett rösten. Die Zwiebeln abziehen, in Ringe schneiden und mit Mehl bestäuben. In einer beschichteten Pfanne das Öl erhitzen und die Zwiebelringe braun rösten.

5 Die Suppe leicht pürieren und mit den Kürbiskernen und den Zwiebelringen garniert servieren.

Kürbissuppe mit karamellisierten Kürbiswürfeln

2 Petersilienwurzeln (ca. 160 g)
600 g Kürbisfleisch
1 EL Sonnenblumenöl
1 l Gemüsebrühe
150 ml Kaffeesahne (4 % F.)
Salz
Pfeffer
Zimtpulver
Ingwerpulver
etwas glatte Petersilie
1 EL Zucker

Für 4 Personen ■ Zubereitungszeit: ca. 30 Min.
Pro Person: 141 kcal ■ 4,5 g Fett ■ 18,7 g KH ■ 28,7 % kcal aus Fett

1 Die Petersilienwurzeln waschen, schälen und in Würfel schneiden. 500 Gramm Kürbisfleisch grob würfeln, den Rest in kleine Würfel schneiden.

2 Das Öl in einem Topf erhitzen, die Petersilienwurzeln und die groben Kürbiswürfel darin andünsten. Die Brühe dazugießen, alles etwa 10 Minuten zugedeckt garen und mit dem Stabmixer pürieren. Die Sahne unterrühren, mit Salz, Pfeffer, Zimt und Ingwer abschmecken. Nur erhitzen, nicht mehr kochen lassen, damit die Sahne nicht gerinnt.

3 Inzwischen die Petersilie waschen, trockenschütteln, Blättchen abzupfen und in feine Streifen schneiden. Den Zucker in einem kleinen Topf bei mittlerer Hitze unter Rühren auflösen, die restlichen Kürbiswürfel dazugeben und mit dem Zucker leicht karamellisieren lassen.

4 Die Kürbiswürfel mit den Petersilienstreifen in Suppentassen verteilen und mit der Suppe auffüllen.

TIPP: Statt Petersilienwurzel können Sie auch Sellerieknolle verwenden.

Kürbissuppe mit Zitronenmelisse

1 kg Kürbis (z. B. Hokkaido)
1 Stange Lauch
100 ml trockener Weißwein
Salz
Pfeffer
200 ml Kaffeesahne (4 % F.)
1 Prise Cayennepfeffer
1 Bund Zitronenmelisse
25 g geröstete Kürbiskerne

Für 4 Teller ▪ Zubereitungszeit: ca. 30 Min.
Pro Person: 180,5 kcal ▪ 5,5 g Fett ▪ 18,3 g KH ▪ 27,4 % kcal aus Fett

1 Den Kürbis in Spalten teilen, mit einem Löffel entkernen, schälen und in Würfel schneiden. Den Lauch putzen, waschen und in Ringe schneiden.

2 In einem Topf etwas von 450 Milliliter Wasser heiß werden lassen, den Lauch dazugeben und 5 Minuten andünsten. Die Kürbiswürfel hinzufügen und kurz mitdünsten. Das restliche Wasser und den Weißwein dazugießen, mit Salz und Pfeffer würzen. Zugedeckt etwa 15 Minuten kochen.

3 Die Sahne dazugießen, kurz erhitzen und die Suppe mit dem Stabmixer pürieren. Mit Cayennepfeffer abschmecken.

4 Die Zitronenmelisse waschen, trockenschütteln, die Blättchen von den Stielen zupfen, fein hacken und vor dem Servieren auf die Suppe geben. Mit Kürbiskernen bestreut servieren.

TIPP: Dazu können Sie Vollkorntoast oder Roggenbrötchen reichen.

Rooibos-Tomaten-Suppe

2 rote Paprikaschoten
1 Gemüsezwiebel
1 TL Olivenöl
1 l aufgebrühter Rooibos-Tee (Rotbusch-Tee)
4 EL Tomatenmark
1 EL Saucenbinder
1 EL Aceto balsamico
Salz
Pfeffer
1/2 Bund Basilikum

Für 4 Personen ▪ Zubereitungszeit: ca. 15 Min.
Pro Person: 52 kcal ▪ 1,5 g Fett ▪ 7 g KH ▪ 26 % kcal aus Fett

1 Die Paprika putzen, waschen und in Stücke schneiden, dabei Kerne und weiße Innenhäute entfernen. Die Zwiebel abziehen und würfeln. Beides im heißen Olivenöl anbraten, mit Rooibos-Tee ablöschen.

2 Die Suppe mit dem Stabmixer fein pürieren. Tomatenmark und Saucenbinder dazugeben, mit Essig, Salz und Pfeffer würzen, abschmecken und die Suppe noch einmal erhitzen.

3 Die Basilikumblätter abzupfen, waschen, trockenschütteln, grob hacken und über die Suppe streuen.

Tomaten-Mango-Suppe

Für 4 Personen ■ Zubereitungszeit: ca. 30 Min.
Pro Person: 113 kcal ■ 2,2 g Fett ■ 19,3 g KH ■ 17,5 % kcal aus Fett

1 kg Tomaten
1 reife Mango
1 weiße Zwiebel
1 TL Sonnenblumenöl
2 TL Currypulver
1 l Gemüsebrühe
2 cm frischer Ingwer oder Ingwerpulver
1/4 TL Kurkuma
Salz
Pfeffer
1 unbehandelte Limette
1 EL brauner Zucker
Korianderblättchen nach Belieben

1 Die Tomaten waschen, kreuzweise einschneiden, überbrühen, häuten, vierteln und entkernen. Die Mango waschen, schälen, das Fruchtfleisch vom Stein schneiden, die Hälfte würfeln, den Rest in Spalten schneiden. Die Zwiebel abziehen, würfeln und im heißen Öl glasig anbraten. Curry und Tomaten hinzufügen, kurz mitbraten.

2 Mit der Brühe aufgießen. Frischen Ingwer hacken. Ingwer, Kurkuma, Salz und Pfeffer dazugeben und alles 15 Minuten bei schwacher Hitze kochen lassen. Die Limette heiß abwaschen, Schale abreiben und Frucht auspressen.

3 Den Topf vom Herd nehmen, die Mangowürfel hinzufügen und alles mit dem Stabmixer pürieren. Die Suppe nicht mehr kochen lassen, mit dem Saft und der Schale der Limette, Salz, Pfeffer und Zucker abschmecken.

4 Die Tomaten-Mango-Suppe auf vier Teller geben, die restlichen Mangospalten darauf verteilen und eventuell mit Korianderblättchen bestreuen.

TIPP: Schmeckt auch mit Pfirsich, frisch oder aus der Dose.

Mexikanische Tomatensuppe

Für 4 Personen ■ Zubereitungszeit: ca. 35 Min.
Pro Person: 520,3 kcal ■ 10,3 g Fett ■ 73,8 g KH ■ 17,8 % kcal aus Fett

500 g Tomaten
2 Dosen Kidneybohnen (à 425 g)
1 rote Chilischote
1 Knoblauchzehe
2 geh. TL gekörnte Gemüsebrühe
1/2 Zitrone
Pfeffer
3 EL Crème fraîche
3 EL frisch gehobelter Parmesan

1 Die Tomaten waschen, Stielansätze entfernen und Früchte in Würfel schneiden.

2 Die Kidneybohnen abspülen und abtropfen lassen. Die Chilischote waschen, Kerne und weiße Innenhäute entfernen und Schote in feine Würfel schneiden. Die Knoblauchzehe abziehen und zerdrücken.

3 Die Tomaten, Kidneybohnen und den Knoblauch in einen Topf geben, 1/2 Liter Wasser dazugießen und zum Kochen bringen. Die Gemüsebrühe darin auflösen und bei geringer Hitze etwa 10 Minuten kochen. Die Suppe mit dem Stabmixer pürieren. Die Zitrone auspressen und den Saft hinzufügen. Mit Pfeffer würzen und abschmecken.

4 Die Suppe auf Tellern anrichten und mit Crème fraîche und Parmesan garniert servieren.

Grüne Bohnensuppe mit Pesto (Foto)

- 1 Stange Lauch
- 2 Knoblauchzehen
- 1 EL Olivenöl
- 1 Kartoffel
- 1 Stange Staudensellerie
- 1 EL gehackte Thymianblättchen
- 425 g Flageolet-Bohnen (Dose; im gut sortierten Supermarkt)
- 600 ml Gemüsebrühe
- 1 Zucchini
- 50 g grüne Bohnen
- 125 g dicke Bohnen (Glas)
- Salz
- Pfeffer
- 4 TL Pesto

Für 4 Personen ■ Zubereitungszeit: ca. 50 Min.
Pro Person: 340 kcal ■ 7 g Fett ■ 50 KH ■ 19 % kcal aus Fett

1 Den Lauch putzen, waschen und in Ringe schneiden. Den Knoblauch abziehen und zerdrücken. Das Öl in einem großen Topf erhitzen. Lauch und Knoblauch darin etwa 5 Minuten anbraten.

2 Die Kartoffel waschen, schälen und würfeln. Den Sellerie putzen, waschen und in Scheiben schneiden. Beides mit Thymian zum Lauch geben und etwa 10 Minuten goldbraun braten. Die Flageolet-Bohnen samt Flüssigkeit und Gemüsebrühe dazugeben, zum Kochen bringen und zugedeckt 20 Minuten kochen lassen.

3 Die Zucchini und grünen Bohnen putzen und waschen. Zucchini würfeln, grüne Bohnen halbieren. Beides mit den dicken Bohnen zu der Suppe geben und weitere 10 Minuten garen. Mit Salz und Pfeffer abschmecken.

4 Die Suppe auf tiefe Teller verteilen und je 1 Teelöffel Pesto einrühren.

TIPP: Mit Weißbrot servieren.

Rosenkohlcremesuppe

- 500 g Rosenkohl
- 1 Zwiebel
- 2 Würfel Gemüsebrühe
- 2 TL Kartoffelmehl
- 100 ml Kaffeesahne (4 % F.) oder Milch (1,5 % F.)
- 1 Prise geriebene Muskatnuss
- 1 Scheibe Toastbrot
- 1 Knoblauchzehe
- 1 TL Butter

Für 4 Personen ■ Zubereitungszeit: ca. 40 Min.
Pro Person: 142,8 kcal ■ 3,8 g Fett ■ 17,3 g KH ■ 23,6 % kcal aus Fett

1 Den Rosenkohl putzen und waschen. Die Zwiebel abziehen und in feine Würfel schneiden.

2 In einem Topf etwas von 1 Liter Wasser heiß werden lassen und die Zwiebelwürfel darin andünsten. Den Rosenkohl dazugeben, das restliche Wasser dazugießen, zum Kochen bringen und die Gemüsebrühe darin auflösen. Den Rosenkohl in ca. 10 Minuten gar kochen. Etwas abkühlen lassen und fein pürieren. Mit dem Kartoffelmehl binden und die Sahne oder Milch unterrühren. Mit Muskatnuss würzen und abschmecken.

3 Das Toastbrot in Würfel schneiden. Die Knoblauchzehe abziehen und zerdrücken. In einer beschichteten Pfanne die Butter erhitzen, den Knoblauch darin anbraten und die Toastbrotwürfel kurz mitbraten.

4 Die Suppe auf Tellern anrichten und mit den Croûtons garniert servieren.

Paprikasuppe mit Grießklößchen

- 1/4 l Milch
- 80 g Maisgrieß (Polenta) oder Hartweizengrieß
- 1 Prise Salz
- je 1 rote und grüne Paprikaschote
- 1 Würfel Gemüsebrühe
- 1 Prise Cayennepfeffer
- 1 kleines Ei

Für 4 Personen ■ Zubereitungszeit: ca. 40 Min.
Pro Person: 132,5 kcal ■ 4,2 g Fett ■ 20 g KH ■ 28,5 % kcal aus Fett

1 Die Milch aufkochen, den Grieß und das Salz einrühren und einen dicken Brei kochen. 20 Minuten abkühlen lassen.

2 Die Paprikaschoten putzen, waschen und in dünne Streifen schneiden, dabei Kerne und weiße Innenhäute entfernen.

3 In einem Topf 1 Liter Wasser zum Kochen bringen, die Gemüsebrühe darin auflösen. Die Paprikastreifen hinzufügen und 5 Minuten kochen. Mit Cayennepfeffer würzen und abschmecken.

4 Das Ei unter die Grießmasse rühren. Aus der Masse mit zwei Teelöffeln kleine Klößchen formen, in die Suppe geben und noch 10 Minuten darin garziehen lassen.

Pikante Erbsensuppe

- 500 g frische oder 300 g TK-Erbsen
- 1 l Gemüsebrühe
- 100 g saure Sahne
- 1 EL Mehl
- 1 unbehandelte Orange
- Salz
- schwarzer Pfeffer
- 3 EL gehackte, glatte Petersilienblättchen

Für 4 Personen ■ Zubereitungszeit: ca. 20 Min.
Pro Person: 109,5 kcal ■ 3 g Fett ■ 14,5 g KH ■ 24,6 % kcal aus Fett

1 Frische Erbsen aus den Hülsen lösen. Die Brühe zum Kochen bringen und die Erbsen in der Brühe etwa 10 Minuten leicht kochen lassen.

2 Die Erbsen mit einem Stabmixer pürieren. Die Sahne mit dem Mehl vermengen und unter die Suppe rühren.

3 Die Orange heiß waschen, trockenreiben und zur Hälfte dünn schälen, die Schale in sehr feine Streifen schneiden. Die Orange auspressen. Orangensaft zu der Suppe geben, erhitzen, mit Salz und Pfeffer würzen.

4 Die Suppe mit den Orangenstreifen und der Petersilie auf Tellern anrichten.

Spinatsuppe mit Kartoffel-Sprossen-Klößchen

Für 4 Personen ■ Zubereitungszeit: ca. 45 Min.
Pro Person: 355,8 kcal ■ 3,8 g Fett ■ 70,3 g KH ■ 9,5 % kcal aus Fett

- 1 Zwiebel
- 1 EL Sonnenblumenöl
- 1,3 kg TK-Blattspinat
- 4 TL gekörnte Gemüsebrühe
- 1 Pckg. Halb & Halb Knödel für 12 Stück
- 50 g Linsensprossen
- 1 Prise Kurkuma
- 4 TL Crème fraîche

1 Die Zwiebel abziehen und fein würfeln. In einem Topf das Öl erhitzen und die Zwiebel darin anbraten. Den Blattspinat dazugeben und kurz mitdünsten. 1/4 Liter Wasser dazugießen, zum Kochen bringen und 1 Teelöffel Gemüsebrühe darin auflösen. Bei geringer Wärmezufuhr zugedeckt etwa 15 Minuten garen.

2 Für die Klößchen das Knödelpulver mit dem Schneebesen in 3/4 Liter kaltes Wasser einrühren. Die Linsensprossen im Sieb abspülen, unterrühren und 10 Minuten quellen lassen. Aus der Masse kleine Klößchen formen.

3 In einem breiten Topf 3/4 Liter Wasser zum Kochen bringen, die restliche Gemüsebrühe darin auflösen. Die Klößchen dazugeben, einmal aufkochen und bei geringer Wärmezufuhr 5 bis 7 Minuten garen lassen. Die Klößchen herausnehmen und warm stellen.

4 Die verbliebene Flüssigkeit unter den Spinat rühren. Die Suppe mit einem Stabmixer pürieren, mit Kurkuma würzen und abschmecken.

5 Die Klößchen in die Suppe geben. Die Suppe auf Tellern anrichten und mit je 1 Teelöffel Crème fraîche servieren.

Selleriecremesuppe mit Parmesan

Für 4 Personen ■ Zubereitungszeit: ca. 45 Min.
Pro Person: 108,3 kcal ■ 3,3 g Fett ■ 10,5 g KH ■ 27,4 % kcal aus Fett

- 500 g Knollensellerie
- 2 Kartoffeln
- 2 große Zwiebeln
- 1 Knoblauchzehe
- 1 1/2 l Gemüsebrühe
- 30 g Parmesan
- 50 ml Kaffeesahne (4 % F.)
- Salz
- Pfeffer

1 Den Sellerie und die Kartoffeln waschen, schälen und in Stücke schneiden. Die Zwiebeln und den Knoblauch abziehen, Zwiebeln grob und Knoblauch fein hacken.

2 Das Gemüse in einen Topf geben. Die Gemüsebrühe dazugießen, zum Kochen bringen und etwa 30 Minuten zugedeckt kochen lassen.

3 Das weich gedünstete Gemüse im Topf mit dem Stabmixer pürieren und den Parmesan frisch darüber reiben. Die Suppe wieder erhitzen und unter Rühren einige Minuten kochen lassen. Die Kaffeesahne unterrühren, mit Salz und Pfeffer abschmecken.

Kalte grüne Sommersuppe (Foto)

- 1 Zwiebel
- 2 Würfel Gemüsebrühe
- je 1 Bund Schnittlauch, Petersilie, Sauerampfer, Borretsch, Estragon und Pimpinelle
- 3 Becher Joghurt (à 150 g; 1,5 % F.)
- 100 ml Würzsauce Texicana Salsa
- Saft von 1 Zitrone
- Pfeffer

Für 6 Personen ■ Zubereitungszeit: ca. 30 Min. ■ plus Kühlzeit
Pro Person: 62,2 kcal ■ 1,3 g Fett ■ 8,5 g KH ■ 18,8 % kcal aus Fett

1 Die Zwiebel abziehen und in feine Würfel schneiden. In einem Topf etwas von 1 1/2 Liter Wasser heiß werden lassen und die Zwiebel darin andünsten.

2 Das restliche Wasser dazugießen, zum Kochen bringen, die Brühwürfel darin auflösen und unter Rühren aufkochen. Die Suppe beiseite stellen und erkalten lassen.

3 Die Kräuter abbrausen, trockenschütteln und klein schneiden. In die kalte Suppe geben und mit einem Stabmixer fein pürieren.

4 Den Joghurt, die Würzsauce und den Zitronensaft unterrühren. Mit Pfeffer würzen und abschmecken.

TIPP: Dazu Roggenbrötchen reichen.

Wirsingeintopf mit gefüllten Nudeln

- 300 g Wirsingkohl
- 300 g Champignons
- 1 kleine Zwiebel
- 1 Knoblauchzehe
- 1 TL Sonnenblumenöl
- 6 TL gekörnte Gemüsebrühe
- 1 Pckg. gefüllte Nudeln mit Spinat und Ricotta (250 g)

Für 4 Personen ■ Zubereitungszeit: ca. 40 Min.
Pro Person: 243 kcal ■ 6,75 g Fett ■ 34,5 g KH ■ 25 % kcal aus Fett

1 Das Gemüse putzen, den Wirsingkohl waschen, Zwiebel und Knoblauch abziehen. Den Wirsingkohl in Streifen schneiden. Die Champignons in Scheiben schneiden. Zwiebel und Knoblauchzehe fein würfeln.

2 In einem Topf das Öl erhitzen. Die Zwiebel- und Knoblauchwürfel darin glasig anbraten, den Wirsing und die Champignons dazugeben und mitdünsten. 1 1/2 Liter Wasser dazugießen, zum Kochen bringen und die Gemüsebrühe darin auflösen. Bei geringer Hitze etwa 15 Minuten garen.

3 Die Nudeln in den Eintopf geben und nach Packungsangabe garziehen lassen.

Bulgur-Topf

- 1 Zwiebel
- 3 Knoblauchzehen
- 1 Stange Lauch
- 2 rote Paprikaschoten
- 150 g Bulgur
- 1 TL Currypulver
- 1 Dose Mais (425 ml)
- 1 Würfel Gemüsebrühe
- 100 g geriebener Edamer (30 % F. i. Tr.)
- 1 EL Sonnenblumenkerne

Für 4 Personen ■ Zubereitungszeit: ca. 45 Min.
Pro Person: 327,8 kcal ■ 9,3 g Fett ■ 43,5 g KH ■ 25,4 % kcal aus Fett

1 Die Zwiebel und Knoblauchzehen abziehen und in Würfel schneiden. Den Lauch putzen, waschen und in Ringe schneiden. Die Paprikaschoten putzen, waschen, Kerne und weiße Innenhäute entfernen und Früchte in Würfel schneiden.

2 In einem Topf etwas Wasser heiß werden lassen. Das Gemüse darin andünsten, den Bulgur und Curry hinzufügen, kurz mitdünsten.

3 Den Mais abtropfen lassen. Die Flüssigkeit mit Wasser auf 3/4 Liter ergänzen, zum Gemüse gießen und zum Kochen bringen. Den Brühwürfel darin auflösen, alles 30 Minuten kochen. Kurz vor Garzeitende den Mais hinzufügen.

4 Den Bulgur-Topf mit dem Edamer bestreuen und den Käse schmelzen lassen. Vor dem Servieren die Sonnenblumenkerne darüber streuen.

Bunter Linseneintopf

- 1 Stange Lauch
- 4 Möhren
- 1 rote Chilischote
- 2 EL Sonnenblumenöl
- 120 g braune Linsen
- 120 g schwarze Linsen
- 3 TL gekörnte Gemüsebrühe
- 100 g rote Linsen
- 100 ml Weißwein
- 1 TL brauner Zucker
- 1 Prise Safran
- 2 Stängel Basilikum
- 1 Becher Joghurt (150 g; 1,5 % F.)

Für 4 Personen ■ Zubereitungszeit: ca. 50 Min.
Pro Person: 336 kcal ■ 7 g Fett ■ 41 g KH ■ 19 % kcal aus Fett

1 Das Gemüse putzen, waschen, eventuell schälen. Den Lauch in Ringe schneiden. Die Möhren in Würfel schneiden. Die Chilischote in Scheiben schneiden, Kerne und weiße Innenhäute entfernen.

2 In einem Topf das Sonnenblumenöl erhitzen. Lauch, Möhren und Chilischote darin andünsten. Braune und schwarze Linsen dazugeben. 1 1/2 Liter Wasser dazugießen, zum Kochen bringen und die Gemüsebrühe darin auflösen. Bei geringer Wärmezufuhr 20 Minuten zugedeckt garen.

3 Die roten Linsen dazugeben und weitere 15 Minuten garen. Den Weißwein dazugießen, mit Zucker und Safran würzen und abschmecken.

4 Basilikum waschen, trockenschütteln, Blätter abzupfen, klein schneiden und mit dem Joghurt verrühren. Den Eintopf auf Tellern anrichten und dazu den Basilikumjoghurt servieren.

TIPP: Dazu empfehlen wir Fladenbrot.

Eintopf mit Knoblauchcroûtons

Für 4 Personen ■ Zubereitungszeit: ca. 40 Min.
Pro Person: 142 kcal ■ 2,6 g Fett ■ 21,5 g KH ■ 16,5 % kcal aus Fett

1 Das Gemüse putzen, waschen, eventuell schälen. Die Gemüsezwiebel abziehen und in Scheiben und den Lauch in Ringe schneiden. Die Kohlrabi und die Möhren in Stifte, die Paprikaschoten in Würfel schneiden, dabei Kerne und weiße Innenhäute entfernen, den Blumenkohl in Röschen teilen.

2 Etwas von 1 Liter Wasser in einem Topf heiß werden lassen, die Zwiebelringe darin glasig dünsten, das restliche Gemüse und die Gemüsebrühe hinzufügen. Übriges Wasser erhitzen, dazugießen und alles 15 bis 20 Minuten kochen lassen.

3 Den Vollkorntoast mit der Knoblauchzehe von beiden Seiten einreiben, in Würfel schneiden und in einer beschichteten Pfanne in der heißen Butter unter Wenden braun braten. Den Eintopf mit der Petersilie bestreuen und die Croûtons dazu servieren.

1 Gemüsezwiebel
1 Stange Lauch
1 Kohlrabi
2 Möhren
je 1 rote und grüne Paprikaschote
1 kleiner Blumenkohl
2 EL gekörnte Gemüsebrühe
4 Scheiben Vollkorntoast
1 Knoblauchzehe, 1 TL Butter
2 EL gehackte Petersilienblättchen

Bohneneintopf mit Tomaten-Salsa

Für 4 Personen ■ Zubereitungszeit: ca. 1 Std. ■ Einweichzeit: mind. 8 Std.
Pro Person: 300 kcal ■ 8 g Fett ■ 31 g KH ■ 24 % kcal aus Fett

1 Die Bohnen in 1 3/4 Liter Wasser am besten über Nacht einweichen lassen.

2 Knoblauch und Zwiebel abziehen und fein hacken. Die Peperoni halbieren, entkernen und fein hacken.

3 Knoblauch, Zwiebel, Peperoni, Lorbeerblätter und Curry im Olivenöl etwa 3 Minuten anbraten. Die Bohnen, das Einweichwasser und die Gemüsebrühe hinzufügen und etwa 35 Minuten kochen.

4 Die Zucchini putzen, waschen, in dicke Scheiben schneiden und zum Eintopf geben. Den Eintopf weitere 15 Minuten kochen und mit Salz und Pfeffer abschmecken.

5 Für die Salsa den Schnittlauch waschen, trockentupfen und in feine Röllchen schneiden. Die Tomaten waschen, Stielansätze entfernen, Früchte vierteln und grob hacken. Tomaten, Schnittlauch, Chilisauce und Essig miteinander verrühren und mit Salz und Pfeffer abschmecken.

6 Den Eintopf auf Tellern verteilen und mit je 1 Teelöffel Tomaten-Salsa und saurer Sahne anrichten.

Für den Eintopf
500 g Bohnenmischung (z. B. von Bio-Gutlans)
1 Knoblauchzehe, 1 große Zwiebel
1 kleine Peperoni, 2 Lorbeerblätter
1 TL Currypulver, 2 EL Olivenöl
6 TL gekörnte Gemüsebrühe
600 g Zucchini, Salz, Pfeffer

Für die Salsa
1/2 Bund Schnittlauch, 4 Tomaten
3 EL süßsaure Chilisauce
1 EL Aceto balsamico
150 g saure Sahne zum Garnieren

Mit Körnern und Pasta

Amaranth-Gemüse-Pfanne (Foto)

150 g Amaranth, 1 EL Olivenöl
3/4 l Gemüsebrühe
250 g Möhren, 250 g Lauch
250 g Zuckerschoten
2 gelbe Paprikaschoten
1/2 Bund Petersilie
1 TL abgeriebene Schale einer unbehandelten Zitrone
Salz, grüner Pfeffer
1 EL gehackte Walnusskerne

Für 4 Personen ■ Zubereitungszeit: ca. 1 Std.
Pro Person: 277 kcal ■ 9 g Fett ■ 35,5 g KH ■ 29,2 % kcal aus Fett

1 Das Amaranth im Olivenöl 5 Minuten unter Rühren anbraten. Die Gemüsebrühe dazugießen, aufkochen und 45 Minuten zugedeckt leicht kochen lassen. Wenn die Masse zu fest wird, Gemüsebrühe dazugeben.

2 In der Zwischenzeit das Gemüse putzen und waschen, eventuell schälen. Die Möhren, den Lauch und die Paprikaschoten klein schneiden, von Paprika die Kerne und weißen Innenhäute entfernen. Die Zuckerschoten einmal durchbrechen. Die Petersilie waschen, trockenschütteln, Blättchen abzupfen und fein hacken.

3 Das Gemüse zum Amaranth geben, untermengen und weitere 10 Minuten garen. Mit Zitronenschale, Salz und Pfeffer würzen. Die Walnusskerne und die Petersilie darüber streuen.

Amaranth-Auflauf

200 g Amaranth
800 ml Gemüsebrühe
200 g Möhren
250 g Lauch
100 g Erbsen
6 EL Mineralwasser
fein gehackte Thymian- und Oreganoblättchen
50 g geriebener Käse (30 % F. i. Tr.)

Für 4 Personen ■ Zubereitungszeit: ca. 30 Min. ■ Backzeit: ca. 30 Min.
Pro Person: 252 kcal ■ 6,7 g Fett ■ 33,5 g KH ■ 23,9 % kcal aus Fett

1 Das Amaranth in der Gemüsebrühe aufkochen, zugedeckt bei schwacher Hitze 20 Minuten kochen lassen. Die Herdplatte ausschalten und das Amaranth noch 10 Minuten ausquellen lassen.

2 In der Zwischenzeit das Gemüse putzen und waschen, eventuell schälen. Die Möhren in Stücke, den Lauch in Ringe schneiden und mit den Erbsen im Mineralwasser andünsten. Das Gemüse zum Amaranth geben. Mit Thymian und Oregano würzen.

3 Den Backofen auf 200 °C vorheizen. Eine Auflaufform mit Backspray aussprühen, die Amaranth-Gemüse-Masse einfüllen und mit Käse bestreuen. Im Ofen etwa 30 Minuten überbacken.

Zucchini-Amaranth-Gratin

150 g Amaranth
1 EL Olivenöl
1 l Gemüsebrühe
1 kg Zucchini
1 unbehandelte Zitrone
3 Knoblauchzehen
Pfeffer
Kräutersalz
150 g Joghurt (1,5 % F.)
50 ml Milch (1,5 % F.)
1 EL Speisestärke
1 Bund Petersilie
2 große Tomaten
1 Prise getrockneter Oregano
50 g geriebener Käse (30 % F. i. Tr.)

Für 4 Personen ■ Zubereitungszeit: ca. 50 Min. ■ Backzeit: ca. 1 Std.
Pro Person: 302 kcal ■ 9,8 g Fett ■ 36,5 g KH ■ 29 % kcal aus Fett

1 Das Amaranth im Olivenöl unter Rühren etwa 5 Minuten braten, mit der Gemüsebrühe auffüllen, aufkochen und 45 Minuten bei geringer Hitze kochen lassen. Dabei immer wieder umrühren.

2 In der Zwischenzeit die Zucchini waschen, große Früchte schälen, und in Scheiben schneiden. Die Zitronenschale mit dem Zestenreißer in feinen Streifen hauchdünn abschälen oder abreiben, die Zitrone auspressen. Die Schale und den Saft unter die Zucchinischeiben mischen.

3 Den Knoblauch abziehen, zu den marinierten Zucchini pressen, mit 1 Prise Pfeffer und Kräutersalz würzen, gut vermischen.

4 Den Joghurt mit der Milch und der Stärke glatt rühren, salzen und pfeffern. Die Petersilie waschen, trockenschütteln, Blättchen abzupfen und grob hacken. Die Tomaten waschen, Stielansätze entfernen und Früchte in Scheiben schneiden.

5 Den Backofen auf 200 °C vorheizen. Das fertig gegarte Amaranth in eine flache Auflaufform geben. Die marinierten Zucchinischeiben darauf verteilen. Die Joghurtmischung löffelweise auf den Zucchinischeiben verteilen, darauf die gehackte Petersilie geben. Das Gratin mit den Tomatenscheiben abdecken, etwas Oregano auf jede Tomatenscheibe geben.

6 Das Zucchini-Amaranth-Gratin etwa 1 Stunde im Backofen garen. Den geriebenen Käse etwa 10 Minuten vor Garzeitende auf den Tomatenscheiben verteilen.

Couscous mit Mandelspinat

Für 4 Personen ■ Zubereitungszeit: ca. 40 Min.
Pro Person: 415 kcal ■ 12,2 g Fett ■ 24 g KH ■ 26,5 % kcal aus Fett

- 250 g Couscous (grober Hartweizengrieß)
- Salz, 200 g Kartoffeln
- 200 g Möhren
- 250 g Kohlrabi
- 1 große Stange Lauch
- 3 Knoblauchzehen
- 500 g frischer oder 300 g TK-Spinat
- 1 Bund Basilikum
- 1 EL Öl
- 375 ml Gemüsebrühe
- etwas Sojasauce
- 60 g gehackte Mandeln
- Cayennepfeffer

1 Den Couscous in 1/4 Liter lauwarmem Salzwasser 15 Minuten quellen lassen. In ein Metallsieb geben, in einen Topf mit siedendem Wasser hängen und zugedeckt 25 Minuten bei schwacher Hitze dämpfen.

2 In der Zwischenzeit das Gemüse putzen und waschen, eventuell schälen. Die Kartoffeln, Möhren und Kohlrabi in gleich große Stücke schneiden. Das Weiße vom Lauch fein hacken, den Rest in feine Ringe schneiden. Den Knoblauch abziehen und fein hacken. Den frischen Spinat waschen und abtropfen lassen, tiefgefrorenen auftauen lassen, Blätter grob hacken. Das Basilikum waschen, trockenschütteln, Blätter abzupfen, in feine Streifen schneiden.

3 Das Weiße vom Lauch und den Knoblauch im Öl glasig dünsten, die Gemüsebrühe dazugießen und aufkochen lassen. Die Kartoffeln, Möhren und Kohlrabi dazugeben, bei schwacher Hitze 10 Minuten kochen. Den Spinat und den Rest vom Lauch dazugeben und garen, bis der Spinat zusammenfällt, in etwa 3 bis 5 Minuten.

4 Sojasauce, Mandeln und Basilikumstreifen unterrühren, mit Salz und Cayennepfeffer abschmecken. Den Couscous mit dem Gemüse servieren.

Couscous mit Sommergemüse

Für 4 Personen ■ Zubereitungszeit: ca. 50 Min.
Pro Person: 367 kcal ■ 5,5 g Fett ■ 22,9 g KH ■ 13,5 % kcal aus Fett

- 1 Kohlrabi (ca. 350 g)
- 1 Aubergine (ca. 250 g)
- 2 gelbe Paprikaschoten
- 1–2 Zucchini (ca. 250 g)
- 1 mittelgroße Zwiebel
- 1–2 Knoblauchzehen, 2 EL Olivenöl
- 1 Dose Tomaten (850 ml)
- Salz, Pfeffer, 2 TL Currypulver
- 1 TL gekörnte Gemüsebrühe
- 300 g Couscous

1 Das Gemüse putzen und waschen, eventuell schälen. Die Kohlrabi, Aubergine und Paprikaschoten in Würfel schneiden, von Paprika Kerne und weiße Innenhäute entfernen. Die Zucchini in Scheiben schneiden. Zwiebel und Knoblauch abziehen und klein hacken.

2 Das Öl in einem Topf erhitzen. Aubergine und Zucchini darin unter Rühren anbraten. Knoblauch, Zwiebel, Paprika und Kohlrabi kurz mitbraten. Die Tomaten grob zerkleinern und mit Saft zum Gemüse geben. Alles zugedeckt etwa 10 Minuten schmoren. Nach und nach 100 Milliliter Wasser angießen. Mit Salz, Pfeffer und Curry abschmecken.

3 300 Milliliter Wasser aufkochen und die Brühe darin auflösen. Den Topf vom Herd nehmen, Couscous einrühren und etwa 5 Minuten quellen lassen (Packungsangabe beachten!). Das Couscous auf dem Gemüse anrichten.

Getreide-Risotto mit buntem Gemüse (Foto)

200 g Grünkern (ganzes Korn)
4 Zwiebeln
1 EL Öl
50 g Sesam
Salz
Pfeffer
500 g rote Paprikaschoten
125 g Tofu
1 Pckg. TK-Erbsen (300 g)
300 g Joghurt (1,5 % F.)
Paprikapulver

Für 4 Personen ■ Zubereitungszeit: ca. 50 Min. ■ Quellzeit: ca. 4 Std.
Pro Person: 556,5 kcal ■ 14,3 g Fett ■ 73,5 g KH ■ 23 % kcal aus Fett

1 Den Grünkern in 1 Liter warmem Wasser etwa 4 Stunden ausquellen lassen. In einem Sieb abtropfen lassen, dabei die Flüssigkeit auffangen.

2 Die Zwiebeln abziehen, vierteln und in einer beschichteten Pfanne im heißen Öl glasig anbraten. Den Grünkern und Sesam dazugeben und etwa 5 Minuten unter Rühren schmoren. Mit Salz und Pfeffer würzen. Das Einweichwasser dazugießen, aufkochen lassen und bei geringer Hitze etwa 40 Minuten garen.

3 Die Paprikaschoten waschen, vierteln, Kerne und weiße Innenhäute entfernen und Früchte in Würfel schneiden. Die Paprikawürfel 15 Minuten vor Ende der Garzeit unter das Risotto heben.

4 Den Tofu in Streifen schneiden und mit den Erbsen 5 Minuten im Risotto erhitzen. Das Getreide-Risotto mit Salz und Pfeffer abschmecken, den Joghurt cremig rühren, darüber geben und mit Paprika bestäuben.

Risotto mit Kirschen und Parmesan

1 EL Olivenöl
400 g Risotto-Reis
Salz
Pfeffer
1 1/2 l Gemüsebrühe
500 g Süßkirschen
1 Bund Frühlingszwiebeln
5 EL Kaffeesahne (4 % F.)
100 g Parmesan

Für 4 Personen ■ Zubereitungszeit: ca. 45 Min.
Pro Person: 566,5 kcal ■ 10,5 g Fett ■ 98,3 g KH ■ 16,7 % kcal aus Fett

1 In einem Topf das Öl erhitzen, den Reis hinzufügen und unter Rühren glasig anbraten, mit Salz und Pfeffer würzen. Jeweils nach und nach so viel Brühe angießen, dass der Reis immer mit Flüssigkeit bedeckt ist. Das Risotto bei schwacher Hitze und unter häufigem Rühren etwa 40 Minuten kochen lassen.

2 Inzwischen die Kirschen waschen, entstielen und entsteinen. Nach der halben Garzeit unter den Reis rühren und mitgaren.

3 Die Frühlingszwiebeln putzen, waschen, in Stücke schneiden und 5 Minuten vor Garzeitende mit der Sahne unterrühren. Den Käse über das Risotto reiben.

Kräuter-Risotto

- 3 Schalotten
- 1–2 Knoblauchzehen
- 2 EL Butter
- 1 EL Olivenöl
- 300 g Arborio-Reis
- 1 l heiße Gemüsebrühe
- je 1 Hand voll gehackte Basilikum-, Oregano-, Thymian- und Petersilienblätter
- 75 g Parmesan
- Salz, Pfeffer

Für 4 Personen ■ Zubereitungszeit: ca. 30 Min.
Pro Person: 420 kcal ■ 12,3 g Fett ■ 63 g KH ■ 26,4 % kcal aus Fett

1 Die Schalotten und den Knoblauch abziehen und fein hacken. Die Butter mit dem Olivenöl erhitzen, Schalotten und Knoblauch darin unter Rühren weich braten.

2 Den Reis hinzufügen und unter Rühren etwas anschwitzen lassen. Eine Suppenkelle Brühe dazugießen und umrühren, bis der Reis die Flüssigkeit aufgesogen hat. Nach und nach immer wieder Brühe dazugeben und öfter umrühren. Den Reis bei milder Hitze etwa 20 Minuten leicht kochen lassen, bis er cremig weich, aber noch bissfest ist.

3 Die Kräuter dazugeben, den Parmesan frisch darüber reiben und alles gut vermischen. Kräftig mit Salz und Pfeffer abschmecken und sofort servieren.

Trüffel-Risotto

- 800 g Broccoli
- 400 ml Gemüsebrühe
- 1 EL Pinienkerne
- 2 Zwiebeln
- 2 Knoblauchzehen
- 1 EL Olivenöl
- 200 g Risotto-Reis
- 100 ml trockener Weißwein
- Salz, 1 Prise weißer Pfeffer
- 50 g Rosinen
- 20 g Trüffel (2 ca. walnussgroße Stücke)

Für 4 Personen ■ Zubereitungszeit: ca. 1 Std.
Pro Person: 346 kcal ■ 6,3 g Fett ■ 47,8 g KH ■ 16,2 % kcal aus Fett

1 Den Broccoli putzen, waschen und in kleine Röschen teilen. In der Gemüsebrühe etwa 8 Minuten garen. Den Broccoli abgießen, die Brühe dabei auffangen.

2 Die Pinienkerne ohne Fett in einer Pfanne goldbraun rösten und beiseite stellen.

3 Die Zwiebeln und Knoblauchzehen abziehen und fein hacken. Im heißen Öl glasig anbraten. Den Reis hinzufügen, unter Rühren andünsten. Die Brühe und den Wein nach und nach angießen. Insgesamt etwa 40 Minuten ausquellen lassen, zwischendurch mehrmals umrühren. Salzen und pfeffern.

4 5 Minuten vor Ende der Garzeit den Broccoli und die Rosinen hinzufügen und erhitzen.

5 Das Risotto auf Tellern verteilen und die Pinienkerne darüber streuen. Kurz vor dem Servieren den Trüffel hauchdünn hobeln und darüber verteilen.

Grünkernbraten

Für 6 Personen ■ Zubereitungszeit: ca. 30 Min. ■ Quell- und Kühlzeit: ca. 35 Min. ■ Backzeit: ca. 45 Min.
Pro Person: 278,3 kcal ■ 9 g Fett ■ 53,5 g KH ■ 29 % kcal aus Fett

- 2 Möhren (à 150 g)
- 2 Zwiebeln
- 1 Stange Lauch
- 1 EL Margarine
- 200 g grob geschroteter Grünkern
- 4 TL gekörnte Gemüsebrühe
- 2 Eier
- 30 g gehackte Haselnusskerne
- 80 g Semmelbrösel
- 50 g geriebener Emmentaler (30 % F. i. Tr.)
- 1/4 TL gehackte Thymianblättchen

1 Die Möhren putzen, waschen, eventuell schälen und in kleine Würfel schneiden. Die Zwiebeln abziehen und fein würfeln. Den Lauch putzen, waschen und in sehr feine Ringe schneiden.

2 In einem Topf die Margarine erhitzen und den Grünkern darin anbraten. Das Gemüse zu dem Grünkern geben und unter Rühren kurz mitdünsten. 400 Milliliter Wasser dazugießen, zum Kochen bringen und die Gemüsebrühe darin auflösen. Zugedeckt auf der ausgeschalteten Kochstelle etwa 15 Minuten ausquellen lassen. und weitere 20 Minuten in einer Schüssel auskühlen lassen.

3 Den Backofen auf 175 °C vorheizen. Die Eier, die Haselnusskerne, die Semmelbrösel, den Käse und die Thymianblättchen zu der Grünkernmasse geben und alles vermischen.

4 Aus dem Teig einen Braten formen und auf ein mit Backpapier ausgelegtes Backblech legen. Im Ofen etwa 45 Minuten backen.

TIPP: Dazu Kräuterquark reichen.

Penne mit Erbsen und Spargel

Für 4 Personen ■ Zubereitungszeit: ca. 30 Min.
Pro Person: 430 kcal ■ 8 g Fett ■ 66,5 g KH ■ 16,7 % kcal aus Fett

- 300 g Penne
- Salz
- 500 g grüner Spargel
- 250 g TK-Erbsen oder Zuckerschoten
- 75 g saure Sahne
- 75 g Parmesan
- 4 EL gehackte Pfefferminzblättchen
- Pfeffer

1 Die Nudeln in reichlich Salzwasser nach Packungsangabe bissfest kochen.

2 Den Spargel waschen, die Enden schälen und die Stangen in 5 Zentimeter lange Stücke schneiden. In wenig Salzwasser etwa 10 bis 12 Minuten garen. Die Erbsen oder Zuckerschoten in kochendem Salzwasser etwa 2 Minuten bissfest kochen.

3 Die Nudeln abgießen, die saure Sahne in den leeren Nudeltopf geben, die Erbsen oder Zuckerschoten, den Spargel hinzufügen und zwei Drittel des Parmesans darüber reiben. Vorsichtig erhitzen, mit Salz und Pfeffer abschmecken.

4 Die Nudeln mit der Minze ebenfalls in den Topf geben, vorsichtig unterheben, den restlichen Parmesan darüber reiben und sofort servieren.

Spaghetti à la Bolognese mit Soja (Foto)

500 g Vollkorn-Spaghetti, Salz

1 Zwiebel, 1 Knoblauchzehe

1 EL Olivenöl, 100 g Soja-Granulat

1 Pckg. passierte Tomaten (500 ml)

1 Würfel Gemüsebrühe

je 1 EL klein geschnittene Blättchen oder 1 TL getrockneter Oregano, Basilikum und Rosmarin

Paprikapulver

Pfeffer, Zucker

Für 4 Personen ▪ Zubereitungszeit: ca. 25 Min.
Pro Person: 574,3 kcal ▪ 11,8 g Fett ▪ 86,3 g KH ▪ 18,4 % kcal aus Fett

1 Die Spaghetti nach Packungsangabe in reichlich Salzwasser bissfest kochen.

2 Die Zwiebel und den Knoblauch abziehen und fein hacken. Das Öl in einem Topf erhitzen, die Zwiebel, den Knoblauch und das Soja-Granulat darin unter Rühren anbraten. Die Tomaten dazugeben, den Brühwürfel darin auflösen und 10 Minuten bei geringer Hitze kochen lassen. Die Kräuter hinzufügen und weitere 5 Minuten garen.

3 Die Sauce mit Paprika, Pfeffer und Zucker abschmecken und mit den gut abgetropften Spaghetti servieren.

Vollkornnudelauflauf mit Champignons

250 g kleine Vollkornnudeln (Hörnchen, Muscheln oder Ringe)

Salz

2 Zwiebeln

1 TL Sonnenblumenöl

250 g Tomaten

150 g Champignons

1 Ei

75 g geriebener Edamer (30 % F. i. Tr.)

schwarzer Pfeffer

frische Petersilie

1 TL Butter zum Einfetten

Für 4 Personen ▪ Zubereitungszeit: ca. 25 Min. ▪ Backzeit: ca. 25 – 30 Min.
Pro Person: 332,5 kcal ▪ 9,3 g Fett ▪ 43,3 g KH ▪ 25 % kcal aus Fett

1 Die Nudeln in einem großen Topf in reichlich Salzwasser nach Packungsangabe bissfest kochen. Sofort abgießen.

2 In der Zwischenzeit die Zwiebeln abziehen, klein hacken und im erhitzten Öl anbraten. Die Tomaten kreuzweise anritzen und mit kochendem Wasser überbrühen. Kurz im Wasser liegen lassen, abgießen, mit kaltem Wasser abschrecken und enthäuten. Das Fruchtfleisch entkernen und in Würfel schneiden. Die Champignons putzen und klein hacken. Beides zu den Zwiebeln geben und noch 3 Minuten garen.

3 Den Backofen auf 190 °C vorheizen. Das Ei unter die Champignonmasse rühren, bis es zu stocken beginnt. Vom Herd nehmen und die abgetropften Nudeln, zwei Drittel des Käses sowie Salz und Pfeffer hinzufügen.

4 Petersilie waschen, trockenschütteln und Blättchen abzupfen. Eine Auflaufform einfetten. Die Mischung in die Form geben und mit dem restlichen Käse und der Petersilie bestreuen. Etwa 25 bis 30 Minuten im Ofen backen, bis der Auflauf knusprig und goldbraun ist.

Bandnudeln mit Zucchinistreifen

400 g Bandnudeln
Salz
4 Zucchini
2 Zwiebeln
1 EL Öl
1 TL getrockneter Oregano
300 ml Milch (1,5 % F.)
2 TL Fix Saucenbinder
4 EL Frischkäse (20 % F.)
Pfeffer
1 Schale Kresse

Für 4 Personen ▪ Zubereitungszeit: ca. 20 Min.
Pro Person: 516 kcal ▪ 8 g Fett ▪ 88 g KH ▪ 14 % kcal aus Fett

1 Die Nudeln in reichlich Salzwasser nach Packungsangabe bissfest kochen.

2 Die Zucchini putzen, waschen, die Zwiebeln abziehen und beides in Streifen schneiden.

3 Das Öl in einer beschichteten Pfanne erhitzen, Zwiebeln kurz anbraten. Zucchini dazugeben und einige Minuten mitdünsten. Oregano und Milch hinzufügen. 3 Minuten kochen lassen, aufkochen und mit dem Saucenbinder abbinden. Den Käse unterheben und die Sauce mit Salz und Pfeffer abschmecken.

4 Die Kresse abschneiden. Die abgetropften Nudeln mit der Sauce servieren und mit der Kresse garnieren.

Tagliatelle mit Trüffel-Steinpilz-Sauce

500 g Tagliatelle
Salz
1 Zwiebel
1 TL Olivenöl
200 g Steinpilze
200 g süße Sahne
Pfeffer
10 g Trüffel
2 TL Marsala

Für 4 Personen ▪ Zubereitungszeit: ca. 30 Min.
Pro Person: 640 kcal ▪ 18,8 g Fett ▪ 96,8 g KH ▪ 26,4 % kcal aus Fett

1 Die Nudeln in reichlich Salzwasser nach Packungsangabe bissfest kochen.

2 Die Zwiebel abziehen und in feine Würfel schneiden. In einer Pfanne das Olivenöl erhitzen und die Zwiebelwürfel darin glasig anbraten. Die Steinpilze putzen, in kleine Würfel schneiden und mitdünsten.

3 150 Milliliter Wasser und die Sahne hinzufügen, mit Salz und Pfeffer würzen. Alles 4 bis 5 Minuten im offenen Topf kochen.

4 Die Trüffel in sehr feine Würfel schneiden und dazugeben. Die Sauce mit Marsala würzen, abschmecken und zu den gut abgetropften Nudeln servieren.

Spaghetti mit Zucchini-Tomaten-Gemüse

Für 4 Personen ■ Zubereitungszeit: ca. 20 Min.
Pro Person: 328 kcal ■ 5 g Fett ■ 60 g KH ■ 17 % kcal aus Fett

280 g Spaghetti
Salz
1 Zwiebel, 1 EL Olivenöl
500 g Zucchini, 500 g Tomaten
100–150 ml Gemüsebrühe
1/2 TL Koriander, Pfeffer
1 Msp. Kumin (Kreuzkümmel)
1–2 zerdrückte Knoblauchzehen
Zitronensaft
4 EL Kaffeesahne (4 % F.)

1 Die Spaghetti in reichlich Salzwasser nach Packungsangabe bissfest kochen.
2 Die Zwiebel abziehen, klein schneiden und in einer beschichteten Pfanne im heißen Olivenöl anbraten. Die Zucchini und Tomaten putzen, waschen und in dünne Scheiben schneiden.
3 Die Zucchini zu den Zwiebeln geben, anbraten und die Tomaten dazugeben. Die Gemüsebrühe dazugießen, mit Koriander, Pfeffer, Kumin, eventuell Salz und Knoblauch gut würzen.
4 Die Gemüsemasse mit ein paar Spritzern Zitronensaft und der Sahne abschmecken und mit den gut abgetropften Spaghetti servieren.

Schleifchennudeln mit Tomaten-Wein-Sauce

Für 4 Personen ■ Zubereitungszeit: ca. 25 Min.
Pro Person: 565 kcal ■ 7 g Fett ■ 99 g KH ■ 11 % kcal aus Fett

500 g Schleifchennudeln
Salz
1 Zucchini
200 g Champignons
2 EL Sonnenblumenöl
1 Pckg. passierte Tomaten (500 ml)
1/8 l Weißwein
Pfeffer
1 Prise Zucker

1 Die Nudeln in reichlich Salzwasser nach Packungsangabe bissfest kochen.
2 Die Zucchini putzen, waschen, der Länge nach halbieren und in Scheiben schneiden. Die Champignons putzen und in Scheiben schneiden.
3 Das Sonnenblumenöl erhitzen. Zucchini- und Champignonscheiben darin anbraten. Die Tomaten und den Weißwein dazugießen und zum Kochen bringen. Mit Salz, Pfeffer und Zucker abschmecken und bei geringer Wärmezufuhr etwa 1 Minute kochen lassen.
4 Die Tomaten-Wein-Sauce mit den abgetropften Nudeln servieren.

Mit Gemüse und Hülsenfrüchten

Rosenkohl mit glasierten Maronen (Foto)

- 2 Pckg. TK-Rosenkohl (à 300 g)
- 1 EL gekörnte Gemüsebrühe
- 5 Maronen
- 1 TL Butter
- 1 EL Honig

Für 4 Personen ▪ Zubereitungszeit: ca. 25 Min.
Pro Person: 127,3 kcal ▪ 2 g Fett ▪ 19,3 g KH ▪ 14,1 % kcal aus Fett

1 Den Rosenkohl auftauen lassen, mit 5 Esslöffeln Wasser und der Gemüsebrühe zum Kochen bringen und 15 Minuten garen.

2 Die Maronen schälen und hacken. In einer beschichteten Pfanne Butter erhitzen, die Maronen dazugeben und darin rösten. Den Honig hinzufügen und Maronen darin glasieren.

3 Die Maronen mit dem Rosenkohl mischen und auf Tellern anrichten.

Kohlröllchen mit Kerbelsahne

- 1 Spitzkohl (ca. 750 g)
- Salz
- 150 g Maisgrieß (Polenta)
- 2 Stangen Staudensellerie
- 75 g Ziegenfrischkäse mit Kräutern (30 % F. i. Tr.)
- Cayennepfeffer
- 1 TL Butter zum Ausfetten
- 80 ml Weißwein oder Gemüsebrühe
- 375 ml heiße Gemüsebrühe
- 1–2 Bund Kerbel
- 1 EL Mehl
- 100 ml Kaffeesahne (4 % F.)
- 2 TL körniger Senf

Für 4 Personen ▪ Zubereitungszeit: ca. 25 Min. ▪ Backzeit: ca. 25 Min.
Pro Person: 277,8 kcal ▪ 9 g Fett ▪ 40,8 g KH ▪ 29,2 % kcal aus Fett

1 Die welken äußeren Blätter vom Spitzkohl entfernen. 8 bis 10 schöne Blätter vorsichtig lösen und waschen. Dicke Blattrippen flach schneiden. Die Kohlblätter in siedendem Salzwasser 30 Sekunden sprudelnd blanchieren. Kalt abspülen und auf einem ausgebreiteten Küchentuch abtropfen lassen.

2 350 Milliliter Wasser und 1 Teelöffel Salz aufkochen. Den Grieß einrühren und unter Rühren 2 Minuten ausquellen lassen. Auf der Herdplatte abkühlen lassen.

3 Den Sellerie putzen, waschen, fein würfeln und mit Frischkäse sowie etwas fein gehacktem Kohl unter den Maisgrieß rühren. Mit Cayennepfeffer abschmecken.

4 Den Backofen auf 200 °C vorheizen. Je 2 Esslöffel Maisgrießmasse auf ein Kohlblatt geben, die Seiten einklappen und das Kohlblatt aufrollen. In eine ausgefettete, ofenfeste Form legen.

5 Den Wein und die heiße Brühe miteinander verrühren und etwa die Hälfte über die Kohlröllchen gießen. Die Form mit Alufolie verschließen und im Ofen etwa 25 Minuten garen.

6 Die Kohlröllchen herausnehmen, die Brühe aufheben. Den Kerbel abspülen und fein hacken. Die restliche Wein-Brühen-Mischung mit dem Mehl glatt rühren und mit der Brühe aus der Form aufkochen. Sahne und Senf dazugeben und den Kerbel unterrühren, etwas zurückbehalten. Die Kerbelsauce über die Kohlröllchen gießen und mit dem restlichen Kerbel bestreuen.

Wirsing-Linsen-Rouladen

200 g braune Linsen
2 Zwiebeln
2 Knoblauchzehen
etwa 10 Salbeiblätter
150 ml Gemüsebrühe
30 g gehackte Walnüsse
50 g Magerquark
Salz
Cayennepfeffer
Zimt
1 Wirsingkopf (ca. 1 kg)
1 EL Olivenöl
200 g Joghurt (1,5 % F.)
1 EL Zitronensaft
2–3 Pfefferminzblätter

Für 4 Personen ■ Zubereitungszeit: ca. 45 Min.
Pro Person: 296,5 kcal ■ 9,5 g Fett ■ 29,8 g KH ■ 28,8 % kcal aus Fett

1 Die Linsen abbrausen, in 1/2 Liter Wasser etwa 20 Minuten garen, abgießen und abtropfen lassen.

2 Die Zwiebeln und den Knoblauch abziehen, fein hacken und mit den Salbeiblättern in etwas von der Gemüsebrühe andünsten. Die Linsen, die Nüsse und den Magerquark hinzufügen und alles gut vermengen. Mit Salz, Cayennepfeffer und Zimt abschmecken.

3 Von dem Wirsing die äußeren Blätter entfernen. 8 mittelgroße Blätter ablösen, waschen und in kochendem Salzwasser 2 Minuten blanchieren. Abtropfen lassen, die Blattrippen flach schneiden. Die Linsenfüllung darauf geben, die Blätter aufrollen und mit Küchengarn zusammenbinden.

4 Das Öl in einer beschichteten Pfanne erhitzen und die Rouladen darin anbraten. Die restliche Gemüsebrühe angießen, den Deckel auflegen und etwa 15 Minuten garen.

5 Den Joghurt mit dem Zitronensaft cremig rühren. Die Minzeblätter waschen, trockenschütteln, fein hacken, unterheben und die Sauce mit Salz und Pfeffer abschmecken. Die Joghurt-Minze-Sauce zu den Wirsing-Linsen-Rouladen servieren.

TIPP: Statt Wirsing können Sie auch den milden Spitzkohl verwenden.

Grünkohl – mal anders

Für 4 Personen ■ Zubereitungszeit: ca. 30 Min. ■ Backzeit: ca. 30 Min.
Pro Person: 340 kcal ■ 9,5 g Fett ■ 48 g KH ■ 25 % kcal aus Fett

1 Pckg. TK-Grünkohl (450 g)
1 große Zwiebel
1 Staudensellerie
2 säuerliche Äpfel
2 EL Sonnenblumenöl
1 Würfel Gemüsebrühe
1 EL Senf
800 g mehlig kochende Kartoffeln
1/4 l Milch (1,5 % F.)
1 gute Prise Muskatnuss
Salz
Pfeffer
3 EL Mandelblättchen

1 Den Grünkohl auftauen lassen. Die Zwiebel abziehen und würfeln. Den Sellerie putzen, waschen und in Scheiben schneiden. Die Äpfel waschen, schälen, vierteln, entkernen und würfeln.
2 In einer Pfanne das Öl erhitzen und alles darin dünsten. 100 Milliliter Wasser dazugießen, zum Kochen bringen und die Gemüsebrühe darin auflösen. Zugedeckt bei geringer Wärmezufuhr etwa 15 Minuten kochen. Den Senf unterrühren. Das Gemüse in eine Auflaufform füllen.
3 Inzwischen die Kartoffeln in der Schale weich dämpfen, pellen, durch die Kartoffelpresse drücken oder fein zerstampfen. Die Milch erhitzen und über die Kartoffelmasse gießen. Die Masse mit dem Schneebesen glatt rühren und mit Muskat, Salz und Pfeffer abschmecken.
4 Den Backofen auf 200 °C vorheizen. Die Kartoffelmasse in einen Spritzbeutel füllen und Rosetten auf das Gemüse spritzen. Mit den Mandelblättchen bestreuen und im Ofen etwa 30 Minuten backen.

Grünkohlpuffer

Für 4 Personen ■ Zubereitungszeit: ca. 50 Min.
Pro Person: 319 kcal ■ 10 g Fett ■ 36,5 g KH ■ 28 % kcal aus Fett

400 g Kartoffeln
Salz
500 g Grünkohl
15 g getrocknete Steinpilze
1 Zwiebel
4 Stängel Majoran
3 Eier
4 EL Semmelbrösel
1 EL Sonnenblumenöl
300 g Joghurt (1,5 % F.)
Pfeffer

1 Die Kartoffeln mit der Schale in Salzwasser 20 Minuten weich kochen.
2 Den Grünkohl putzen, waschen und in reichlich Salzwasser 10 Minuten kochen, in einem Sieb gut abtropfen lassen. Die Steinpilze 30 Minuten in warmem Wasser einweichen. Die Zwiebel abziehen und würfeln. Den Majoran waschen, trockenschütteln und die Blättchen abzupfen, 1 Esslöffel zurückbehalten.
3 Kartoffeln pellen und grob reiben. Grünkohl kräftig ausdrücken und hacken. Steinpilze ausdrücken und klein schneiden.
4 Die vorbereiteten Zutaten mit den Eiern, Semmelbröseln und Salz zu einer glatten Masse verarbeiten. In einer beschichteten Pfanne im heißen Öl nacheinander 16 kleine Puffer bei mittlerer Hitze ausbacken.
5 Den Joghurt mit dem restlichen Majoran und Salz verrühren. Pfeffer über die heißen Grünkohlpuffer streuen und sofort mit dem Majoranjoghurt servieren.

TIPP: Wenn die Teigmasse zu feucht ist, etwas Mehl zum Binden dazugeben, da die Puffer sonst auseinander fallen können.

Auberginengemüse (Foto)

600 g Auberginen
Salz
1 Zwiebel
2 Stangen Staudensellerie
300 g Tomaten
je 1 gelbe und rote Paprikaschote
25 g Sardellenfilets
2 EL Olivenöl
3 EL Weißweinessig
2 EL Kapern
50 g grüne Oliven
1 EL Petersilienblättchen
500 g Baguette

Für 4 Personen ■ Zubereitungszeit: ca. 30 Min. ■ Backzeit: ca. 1 Std.
Pro Person: 502 kcal ■ 9 g Fett ■ 89 g KH ■ 16 % kcal aus Fett

1 Die Auberginen putzen, waschen, in etwa 1 Zentimeter große Würfel schneiden, mit Salz bestreuen und etwa 15 Minuten ziehen lassen, um die Bitterstoffe zu entziehen. Das Salz unter fließendem Wasser abspülen und die Auberginen trockentupfen.

2 Die Zwiebel abziehen, den Sellerie putzen und waschen, beides in dünne Ringe schneiden. Die Tomaten kreuzweise einschneiden, überbrühen, häuten und würfeln.

3 Die Paprikaschoten waschen und in dünne Streifen schneiden, dabei Kerne und weiße Innenhäute entfernen. Die Sardellenfilets in warmem Wasser einweichen, abtropfen lassen und trockentupfen.

4 Den Backofen auf 180 °C vorheizen. Das Öl erhitzen, die Zwiebelringe darin glasig anbraten. Den Sellerie dazugeben und unter Rühren mitdünsten. Die Auberginen hinzufügen und etwa 3 Minuten weiterdünsten. Essig und Tomaten dazugeben, einkochen lassen. Paprika, Sardellen, Kapern und Oliven untermischen und weitere 3 Minuten kochen.

5 Das Gemüse in eine Auflaufform füllen und zugedeckt etwa 1 Stunde im Backofen garen. Mit Petersilie bestreut lauwarm oder kalt servieren und knuspriges Baguette dazu reichen.

Überbackene Auberginen

2 Auberginen
1 TL Olivenöl
1 Bund Frühlingszwiebeln
1 Pckg. stückige Tomaten (500 g)
1 TL Zucker
1 EL gekörnte Gemüsebrühe
1 Kugel Zottarella leicht (125 g)
2 EL frisch geriebener Parmesan
2 EL Semmelbrösel

Für 4 Personen ■ Zubereitungszeit: ca. 15 Min. ■ Backzeit: ca. 20 Min.
Pro Person: 191,5 kcal ■ 6,3 g Fett ■ 18,5 g KH ■ 29,4 % kcal aus Fett

1 Die Auberginen putzen, waschen und in Scheiben schneiden. Eine beschichtete Pfanne mit wenig Öl einreiben, erhitzen und die Auberginenscheiben von beiden Seiten goldbraun braten. Herausnehmen und nebeneinander in eine Auflaufform legen.

2 Den Backofen auf 200 °C vorheizen. Die Frühlingszwiebeln putzen, waschen und in Ringe schneiden. In der Pfanne kurz dünsten. Tomaten und Zucker hinzufügen, die Brühe darin auflösen, aufkochen und alles über die Auberginenscheiben geben.

3 Den Zottarella abtropfen lassen, in Scheiben schneiden und auf den Auberginen verteilen. Den Parmesan mit den Semmelbröseln mischen, darüber streuen und die Auberginen im Backofen etwa 20 Minuten überbacken.

TIPP: Dazu empfehlen wir Gnocchi.

Champignonspinat

- 1/2 Würfel Klare Suppe mit Suppengrün
- 600 g TK-Blattspinat
- 200 g Champignons
- 2 EL Kaffeesahne (4 % F.)
- Salz, Pfeffer
- 1 Prise Muskatnuss

Für 4 Personen ■ Zubereitungszeit: ca. 30 Min.
Pro Person: 31 kcal ■ 1 g Fett ■ 2 g KH ■ 19 % kcal aus Fett

1 In einem Topf 250 Mililiter Wasser zum Kochen bringen. Den Brühwürfel darin auflösen. Den Blattspinat dazugeben und bei geringer Wärmezufuhr 15 Minuten weich kochen.

2 Die Champignons putzen und in Scheiben schneiden. Zu dem Spinat geben und weitere 10 Minuten garen. Die Sahne unterrühren und mit Salz, Pfeffer und Muskat abschmecken.

Gefülltes Gemüse

- 200 g Quinoa
- 800 ml kochend heiße Gemüsebrühe
- 4 Zucchini
- 4 große Tomaten
- 100 g Feta (Schafkäse)
- 250 g Linsen (Dose)
- Kräutersalz
- Pfeffer
- einige Spritzer Worcestersauce
- 2 Frühlingszwiebeln
- 2 EL Sonnenblumenkerne
- 1 EL Semmelbrösel
- 1 Bund Koriander oder Basilikum

Für 4 Personen ■ Zubereitungszeit: ca. 50 Min.
Pro Person: 436 kcal ■ 14,3 g Fett ■ 50,8 g KH ■ 29,4 % kcal aus Fett

1 Quinoa in 1/2 Liter Gemüsebrühe 10 Minuten kochen und abkühlen lassen.

2 Die Zucchini und Tomaten waschen, trockentupfen, halbieren und mit einem Löffel aushöhlen. Das Fruchtfleisch zur Seite stellen.

3 Den Feta fein hacken, 2 Esslöffel abnehmen und beiseite stellen. Feta, Linsen und Quinoa vermischen. Salzen und pfeffern, die Füllung in die Zucchini und Tomaten verteilen. Das Gemüse in eine ofenfeste Form setzen.

4 Den Backofen auf 200 °C vorheizen. Restliches Tomaten- und Zucchinifleisch, die restliche Brühe und Worcestersauce im Mixer pürieren. Die Frühlingszwiebeln putzen, waschen, fein hacken, mit dem Püree vermischen und zum Gemüse geben. Im Ofen etwa 25 Minuten garen.

5 Die Sonnenblumenkerne und die Semmelbrösel in einer Pfanne ohne Fett rösten. Abkühlen lassen.

6 Den Koriander oder das Basilikum abspülen, trockentupfen, Blätter abzupfen und in feine Streifen schneiden. Restlichen Feta, Kerne-Brösel-Mischung und Koriander oder Basilikum vermischen und vor dem Servieren über das Gemüse streuen.

TIPP: Wenn Sie getrocknete Linsen verwenden wollen – aus 100 Gramm rohen Linsen werden etwa 250 Gramm gekochte Linsen.

Gemüse in Senfsauce

Für 3 Gläser à 1/2 l Inhalt ▪ Zubereitungszeit: ca. 40 Min. ▪ Marinierzeit: ca. 24 Std.
Pro Glas: 710 kcal ▪ 12 g Fett ▪ 134,3 g KH ▪ 15,2 % kcal aus Fett

- je 1 rote und grüne Paprikaschote
- 150 g Salatgurke
- 150 g Mais (Dose)
- 150 g TK-Erbsen
- 150 g grobes Salz
- 2 Knoblauchzehen
- 500 g scharfer Senf
- 300 g Zucker, 2 TL Kurkuma
- 1 TL Pfeffer, 1/4 TL Cayennepfeffer
- 1/2 l Rotweinessig
- 1 gestr. EL Speisestärke

1. Die Paprikaschoten und Gurke putzen, waschen und fein würfeln, Kerne und weiße Innenhäute von Paprika entfernen. Den Mais abtropfen, die Erbsen auftauen lassen.
2. Das Gemüse lagenweise mit dem Salz in eine hohe Schüssel schichten, beschweren und 24 Stunden ziehen lassen. In einem Sieb kalt abspülen und gut abtropfen lassen.
3. Den Knoblauch abziehen und fein hacken, mit Senf, Zucker, Gewürzen und Essig aufkochen. Das Gemüse darin bei geringer Hitze etwa 15 Minuten kochen, herausheben und in heiß ausgespülte Gläser mit Schraubdeckel füllen.
4. Die Speisestärke mit 2 Esslöffeln Wasser glatt rühren, in die Senfsauce einrühren und noch 3 Minuten kochen. Sauce über das Gemüse gießen, Gläser sofort verschließen und kühl stellen. Innerhalb von 14 Tagen verbrauchen.

Gemüse-Ragout

Für 4 Personen ▪ Zubereitungszeit: ca. 40 Min.
Pro Person: 328,8 kcal ▪ 7,5 g Fett ▪ 40,3 g KH ▪ 20,5 % kcal aus Fett

- 600 g Kartoffeln
- Salz
- 400 g Möhren
- 2 Zucchini (à ca. 200 g)
- 750 g Broccoli
- 1/2 l Gemüsebrühe
- 1/2 l Milch (1,5 % F.)
- 125 g Schmelzkäse (30 % F. i. Tr.)
- etwas Saucenbinder bei Bedarf
- weißer Pfeffer

1. Die Kartoffeln waschen, schälen und in Salzwasser etwa 20 Minuten weich kochen.
2. Das Gemüse putzen und waschen. Die Möhren schälen und in Scheiben schneiden. Die Zucchini würfeln, den Broccoli in Röschen teilen, die Stiele schälen und in Stücke schneiden.
3. Die Brühe in einem großen Topf zum Kochen bringen, das Gemüse hinzufügen und zugedeckt etwa 8 Minuten dünsten. Das Gemüse herausheben und warm halten.
4. Die Milch in die Brühe gießen und erhitzen, den Käse unter Rühren darin schmelzen lassen. Die Sauce bei Bedarf binden und mit Salz und Pfeffer abschmecken. Das Gemüse in die Sauce geben.
5. Die Kartoffeln abgießen und mit dem Gemüse-Ragout servieren.

Gemüsekuchen (Foto)

400 g Weizenmehl
1 Päck. Trockenhefe
2 TL Zucker
3 EL Olivenöl
Salz, Pfeffer
2 Stangen Lauch
4 rote Paprikaschoten
400 g Mais (Dose)
1 Ei
200 g Dickmilch (1,5 % F.)
75 g geriebener Emmentaler (30 % F. i. Tr.)
5 EL gemischte Kräuter nach Geschmack
Muskatnuss, Cayennepfeffer
etwa 50 g Mehl zum Durcharbeiten und Ausrollen

Für 4 Personen ■ Zubereitungszeit: ca. 30 Min. ■ Gehzeit: ca. 45 Min. ■ Backzeit: ca. 30 Min.
Pro Person: 678,5 kcal ■ 16,3 g Fett ■ 106,3 g KH ■ 21,5 % kcal aus Fett

1 Das Mehl in eine Schüssel sieben und eine Mulde hineindrücken. 150 Milliliter lauwarmes Wasser angießen, die Hefe und den Zucker dazugeben und zu einem glatten Teig verrühren.

2 Das Olivenöl einrühren, mit Salz und Pfeffer würzen und den Teig so lange schlagen, bis er Blasen wirft. Zugedeckt an einem warmen Ort zur doppelten Menge aufgehen lassen.

3 In der Zwischenzeit den Lauch und die Paprikaschoten putzen, waschen, in Streifen schneiden, dabei von Paprika Kerne und weiße Innenhäute entfernen, und mit Mais vermischen.

4 Das Ei verschlagen, die Dickmilch, den Käse und die Kräuter unterrühren, mit den Gewürzen kräftig abschmecken. Den Backofen auf 180 bis 200 °C vorheizen.

5 Den Teig nochmals kräftig durcharbeiten und 1 bis 2 Zentimeter dick ausrollen. Ein Backblech mit Backpapier auslegen, den Teig darauf geben und mit einer Gabel mehrmals einstechen. Das Gemüse darauf verteilen und mit der Ei-Käse-Mischung überziehen.

6 Den Gemüsekuchen im Backofen etwa 30 Minuten backen.

Gemüseomelett

4 Kartoffeln, 2 Zucchini
4 Frühlingszwiebeln
2 rote Paprikaschoten
1 EL Sonnenblumenöl
4 Tomaten
2 EL gekörnte Gemüsebrühe
2 Eier
4 EL Mineralwasser
Pfeffer, Salz
2 EL gehackte Petersilienblättchen

Für 4 Personen ■ Zubereitungszeit: ca. 35 Min.
Pro Person: 155 kcal ■ 4 g Fett ■ 18 g KH ■ 24 % kcal aus Fett

1 Das Gemüse putzen, waschen, eventuell schälen. Die Kartoffeln würfeln, Zucchini in Scheiben, Frühlingszwiebeln in Ringe und Paprikaschoten in kleine Würfel schneiden, dabei von Paprika Kerne und weiße Innenhäute entfernen.

2 In einer großen, beschichteten Pfanne das Öl erhitzen und die Kartoffelwürfel darin anbraten. Das restliche Gemüse dazugeben und mitdünsten.

3 Die Tomaten waschen, Stielansätze entfernen, Früchte in Würfel schneiden und mit 120 Milliliter Wasser zum Gemüse geben. Die Gemüsebrühe darin auflösen und das Gemüse etwa 5 Minuten dünsten.

4 Die Eier mit Mineralwasser verquirlen, mit Pfeffer und Salz würzen und über das Gemüse geben. Einen Deckel auflegen und stocken lassen. Das Omelett mit Petersilie bestreut servieren.

Gemüse-Spaghetti

250 g Lauch
250 g Zucchini
20 g Halbfettmargarine
250 g TK-Erbsen
250 g Spaghetti
Salz
50 g Parmesan
Pfeffer

Für 4 Personen ▪ Zubereitungszeit: ca. 20 Min.
Pro Person: 363 kcal ▪ 7 g Fett ▪ 57 g KH ▪ 17 % kcal aus Fett

1 Den Lauch und die Zucchini putzen, waschen und schräg in dünne Scheiben schneiden.

2 Die Margarine erhitzen, das Gemüse darin etwa 8 Minuten dünsten. Nach der halben Garzeit die Erbsen hinzufügen und mitdünsten.

3 Inzwischen die Spaghetti in reichlich Salzwasser nach Packungsanweisung bissfest garen.

4 Die Nudeln abgießen und zum Gemüse geben. Den Parmesan darüber reiben, vermengen und die Gemüse-Spaghetti mit Salz und Pfeffer abschmecken.

Pizza vegetariana

Für den Teig

300 g Weizenmehl (Type 550)
150 g Weizenvollkornmehl
1 TL Salz, 1 Päck. Trockenhefe
1 EL Olivenöl

Für den Belag

1 Pckg. stückige Tomaten mit Kräutern
1 zerdrückte Knoblauchzehe
Salz, Pfeffer, 2 Zwiebeln
2 grüne Paprikaschoten
300 g Cocktailtomaten
1 Dose Mais (425 ml)
100 g mit Paprika gefüllte grüne Oliven
200 g geriebener Edamer (30 % F. i. Tr.)

Für 4 Personen ▪ Zubereitungszeit: ca. 50 Min. (inkl. Gehzeit) ▪ Backzeit: ca. 35 Min.
Pro Person: 687,5 kcal ▪ 17,3 g Fett ▪ 99,5 g KH ▪ 22,6 % kcal aus Fett

1 Die Teigzutaten in eine Schüssel geben und gut durchkneten. Den Teig mindestens 30 Minuten gehen lassen, bis sich sein Volumen verdoppelt hat.

2 Den Teig auf Backpapier ausrollen und auf ein Backblech legen. Die Tomatenstücke mit Knoblauch, Salz und Pfeffer würzen und auf den Teig streichen.

3 Während der Teig geht, die Zwiebeln abziehen, halbieren und in Halbringe schneiden. Die Paprikaschoten putzen, waschen, Kerne und weiße Innenhäute entfernen und Früchte in feine Streifen schneiden. Die Cocktailtomaten halbieren, den Mais abtropfen lassen, die Oliven in Scheiben schneiden. Alles auf dem vorbereiteten Teig verteilen. Den Käse darüber streuen und den Teig noch einmal 15 Minuten gehen lassen.

4 Den Backofen auf 225 °C vorheizen. Die Pizza auf der mittleren Schiene im Ofen etwa 35 Minuten backen.

TIPP: Aus dem Teig mehrere kleine, runde Pizzen formen, mit Tomatensauce bestreichen. Nur etwa 10 Minuten vorbacken, abkühlen lassen und einfrieren. Bei Bedarf einzeln herausnehmen, tiefgekühlt belegen und fertig backen.

Bohnen in Paprikasahne

Für 4 Personen ■ Zubereitungszeit: ca. 25 Min.
Pro Person: 91 kcal ■ 1,5 g Fett ■ 12 g KH ■ 14,8 % kcal aus Fett

1 Die Bohnen in kochendes Salzwasser geben, aufkochen, das Bohnenkraut dazugeben und etwa 10 Minuten kochen lassen.

2 Die Zwiebeln abziehen und fein würfeln. Bohnen in einem Sieb abtropfen lassen, dabei etwas Abtropfflüssigkeit in einem Topf auffangen, erhitzen und die Zwiebelwürfel darin glasig dünsten. Paprikapulver hinzufügen und mit der Sahne auffüllen.

3 Die Bohnen dazugeben, erhitzen und mit Salz, Pfeffer und Sherry abschmecken.

600 g Brechbohnen
Salz
etwas Bohnenkraut
2 Zwiebeln
1 EL edelsüßes Paprikapulver
100 ml Kaffeesahne (4 % F.)
weißer Pfeffer
1 EL weißer Sherry

Soja-Ragout

Für 4 Personen ■ Zubereitungszeit: ca. 25 Min. ■ Einweichzeit: ca. 45 Min.
Pro Person: 603 kcal ■ 13,8 g Fett ■ 80,5 g KH ■ 20,5 % kcal aus Fett

1 Die Sojastücke in der Gemüsebrühe etwa 45 Minuten einweichen. Abgießen und abtropfen lassen, dabei die Flüssigkeit auffangen.

2 Die Champignons putzen und in Scheiben schneiden. Die Zwiebeln abziehen und würfeln.

3 Die Nudeln in reichlich Salzwasser nach Packungsangabe bissfest kochen.

4 Die Butter in einer beschichteten Pfanne erhitzen, die Zwiebelwürfel darin anbraten, die Sojastücke hinzufügen und unter Rühren scharf anbraten. Die Champignons dazugeben und mitbraten. Das Mehl darüber streuen, kurz anschwitzen, das Tomatenmark hinzufügen und mit der Brühe ablöschen. Aufkochen und 10 Minuten kochen lassen.

5 Mit Salz und Pfeffer würzen und die Sahne unterrühren. Die Schnittlauchröllchen über das Ragout streuen und mit den abgetropften Nudeln servieren.

125 g Soja in groben Stücken
1/2 l Gemüsebrühe
300 g Champignons
2 Zwiebeln
400 g Vollkorn-Bandnudeln
Salz
2 EL Butter
2 EL Mehl
2 EL Tomatenmark
Pfeffer
100 ml Kaffeesahne (4 % F.)
2 EL Schnittlauchröllchen

Kartoffelgerichte und Mehlspeisen

Gefüllte Quarkknödel auf Blattspinat (Foto)

Für die Knödel

2 Eier, 750 g Magerquark

150 g Instant-Flocken (z. B. von Kölln-Flocken)

200 g Camembert (30 % F. i. Tr.)

Salz, Pfeffer

edelsüßes Paprikapulver

Für das Gemüsebett

750 g TK-Blattspinat

1 Zwiebel, Muskatnuss

1 Bund Petersilie

Für 4 Personen ▪ Zubereitungszeit: ca. 35 Min.
Pro Person: 451 kcal ▪ 14 g Fett ▪ 23,5 g KH ▪ 28 % kcal aus Fett

1 Die Eier mit dem Quark und den Instant-Flocken verrühren. Den Camembert halbieren, eine Hälfte in 12 Stücke teilen, die andere Hälfte klein geschnitten zur Quarkmasse geben. Kräftig mit Salz, Pfeffer und Paprika würzen.

2 In einem großen Topf reichlich Salzwasser aufkochen. Mit nassen Händen 12 kleine Knödel formen und dabei jeweils 1 Käsewürfel in die Mitte stecken. Die Knödel in das Salzwasser geben und etwa 20 Minuten kochen lassen.

3 Für das Gemüsebett den Spinat antauen lassen. Die Zwiebel abziehen, fein würfeln und in etwas heißem Wasser andünsten. Den Spinat hinzufügen und mit Salz, Pfeffer und Muskat abschmecken.

4 Die Petersilie waschen, trockenschütteln, Blättchen abzupfen und klein hacken. Die Quarkknödel auf dem Spinatbett mit Petersilie bestreut servieren.

TIPP: 3 Esslöffel kernige Haferflocken ohne Fett in einer beschichteten Pfanne rösten und darüber streuen.

Spinatklöße

225 g TK-Blattspinat

1 Zwiebel

1 TL Sonnenblumenöl

1 Beutel Kartoffelkloßteig (750 g)

2 TL gekörnte Gemüsebrühe

Pfeffer, Muskatnuss

1 Ei

1 EL Mehl, Salz

Für 4 Personen ▪ Zubereitungszeit: ca. 40 Min.
Pro Person: 245 kcal ▪ 3 g Fett ▪ 47 g KH ▪ 11 % kcal aus Fett

1 Den Blattspinat antauen lassen. Die Zwiebel abziehen und fein würfeln. Das Öl erhitzen und die Zwiebelwürfel darin anbraten. Den Spinat dazugeben und unter Rühren 5 Minuten mitdünsten.

2 Den Kloßteig mit Gemüsebrühe, Pfeffer und Muskat würzen. Den Spinat, das Ei und Mehl untermengen.

3 In einem großen Topf reichlich Salzwasser aufkochen. Aus dem Teig 12 kleine Klöße formen und in leicht kochendem Salzwasser etwa 20 Minuten garen.

TIPP: Wir empfehlen dazu eine Tomatensauce und einen gemischten Salat.

Zwiebelkuchen

Für den Teig

500 g Mehl (Type 550)

1 Päck. Trockenhefe

1 TL Salz

1 Prise Zucker

1 EL Olivenöl

Für den Belag

1 kg Zwiebeln

1–2 Knoblauchzehen

1 EL Olivenöl

2 Eier

2 Becher saure Sahne (à 200 g)

Salz, Pfeffer, Muskatnuss

Kümmel nach Belieben

Für 12 Stück ▪ Zubereitungszeit: ca. 1 Std. (inkl. Gehzeit) ▪ Backzeit: ca. 50 Min.
Pro Stück: 234,5 kcal ▪ 6,8 g Fett ▪ 35 g KH ▪ 26 % kcal aus Fett

1 Das Mehl mit der Trockenhefe, dem Salz und Zucker vermischen. Knapp 1/4 Liter lauwarmes Wasser und das Öl hinzugeben und mit den Knethaken des Handrührgerätes zu einem weichen Teig verarbeiten. Gehen lassen, bis sich das Volumen verdoppelt hat.

2 Inzwischen für den Belag die Zwiebeln und den Knoblauch abziehen, Zwiebeln in Ringe schneiden, Knoblauch zerdrücken. Das Öl in einer großen Pfanne erhitzen, die Zwiebelringe und den Knoblauch darin glasig anbraten. Etwa 20 Minuten abkühlen lassen.

3 Den Backofen auf 200 °C vorheizen. Eier und Sahne zu der Zwiebelmasse geben, alles gut miteinander vermengen und mit den Gewürzen abschmecken.

4 Den Teig auf zwei mit Backpapier ausgelegten Blechen dünn ausrollen. Den Belag auf dem Teig verteilen und nacheinander jeweils etwa 25 Minuten im Backofen backen, bis der Zwiebelkuchen schön goldgelb ist.

TIPP: Der Zwiebelkuchen schmeckt ebenfalls kalt sehr gut.

Herbstlicher Kartoffelauflauf

800 g kleine Kartoffeln

300 g Äpfel

500 g Birnen

1/2 TL Halbfettmargarine zum Ausfetten

Kräutersalz, Pfeffer

150 g saure Sahne

100 ml Milch (1,5 % F.)

2 Eier

Currypulver

100 g geriebener Edamer (30 % F. i. Tr.)

Für 4 Personen ▪ Zubereitungszeit: ca. 45 Min. ▪ Backzeit: ca. 30 Min.
Pro Person: 415,5 kcal ▪ 12,8 g Fett ▪ 56,8 g KH ▪ 27,7 % kcal aus Fett

1 Die Kartoffeln in der Schale weich kochen, noch heiß pellen und in Scheiben schneiden. Die Äpfel und Birnen waschen, eventuell schälen, vom Kerngehäuse befreien und in Spalten schneiden.

2 Den Backofen auf 220 °C vorheizen. Das Obst mit den Kartoffelscheiben in eine gefettete Auflaufform schichten, leicht salzen und pfeffern.

3 Die Sahne mit der Milch und den Eiern verquirlen und mit Kräutersalz, Pfeffer und Curry würzen.

4 Die Eiermilch über den Auflauf gießen, mit Käse bestreuen und auf der mittleren Schiene im Backofen etwa 30 Minuten backen.

TIPP: Das Obst kann durch gedünstetes Gemüse ersetzt werden.

Rosenkohl-Kartoffel-Püree

Für 4 Personen ■ Zubereitungszeit: ca. 30 Min.
Pro Person: 268 kcal ■ 4,5 g Fett ■ 40,5 g KH ■ 15 % kcal aus Fett

800 g mehlig kochende Kartoffeln
500 g Rosenkohl, Salz
2 EL Halbfettbutter
200 ml Kaffeesahne (4 % F.)
Pfeffer
Muskatnuss
1 EL frische Majoranblättchen oder 1 TL getrockneter Majoran

1 Die Kartoffeln schälen und waschen. In einem Topf mit dem geputzten Rosenkohl in Salzwasser zum Kochen bringen und in etwa 20 Minuten gar kochen. Das Gemüse abgießen und leicht abkühlen lassen.

2 Die Butter mit der Sahne erhitzen, über die Kartoffeln und den Rosenkohl gießen und alles mit einem Kartoffelstampfer nicht zu fein zerstampfen. Mit Salz, Pfeffer und Muskat würzen und den Majoran unterheben.

Spinatspätzle mit grünem Gemüse und Sahnesauce

Für 4 Personen ■ Zubereitungszeit: ca. 50 Min.
Pro Person: 536 kcal ■ 18 g Fett ■ 63 g KH ■ 30 % kcal aus Fett

Für die Spätzle
200 g TK-Spinat, Salz
300 g Mehl, 3 Eier
1 Schuss Mineralwasser
Muskatnuss
etwas Mehl bei Bedarf

Für das Gemüse
1 kg frischer Blattspinat
350 ml Gemüsebrühe
500 g Broccoli

Für die Sahnesauce
1 Zwiebel, 1 TL Sonnenblumenöl
300 ml Kaffeesahne (4 % F.)
Salz, Pfeffer, Muskatnuss
1/2 Knoblauchzehe
50 g geriebener Edamer (30 % F. i. Tr.)

1 Den Spinat auftauen lassen. Einen großen Topf Salzwasser zum Kochen bringen.

2 Mehl, Eier und 1 Messerspitze Salz mit den Knethaken des Handrührgerätes zu einem Teig verrühren. So viel Mineralwasser eingießen, bis eine zähflüssige Masse entstanden ist. Den Spinat fein hacken, unterrühren, eventuell etwas Mehl hinzufügen und mit Muskat würzen.

3 Sobald das Wasser kocht, etwa 4 Esslöffel Teig portionsweise in eine Spätzlepresse füllen und in das kochende Wasser drücken. Wichtig: Nicht am Stück herausdrücken, sondern ab und zu abschneiden, sonst gibt es Spaghetti! Aufwallen lassen und so lange warten, bis sich eine Schaumkrone bildet und die Spätzle oben schwimmen.

4 Die Spätzle mit einer Schaumkelle herausschöpfen und in einer bereit gestellten Schüssel mit kaltem Wasser abschrecken. Herausnehmen und in einer Form im Backofen warm halten. Diesen Vorgang so lange wiederholen, bis der Teig aufgebraucht ist.

5 Den frischen Blattspinat putzen, waschen und in etwas Gemüsebrühe dünsten. Den Broccoli ebenfalls waschen, in Röschen teilen, in der restlichen Brühe bissfest garen.

6 Für die Sahnesauce die Zwiebel abziehen, würfeln und in dem Öl glasig anbraten, mit der Sahne ablöschen und aufkochen lassen. Mit den Gewürzen abschmecken, Knoblauch dazupressen und zum Schluss unter Rühren den geriebenen Käse dazugeben. So lange rühren, bis der Käse komplett geschmolzen ist.

7 Spinatspätzle und Gemüse auf Tellern anrichten, mit der Sahnesauce übergießen.

Feurige Kartoffelpizzen mit Fetacreme und Rucola (Foto)

1 Ei
1 Beutel Kartoffelkloßteig (750 g)
Kräutersalz
Pfeffer
200 g Feta (Schafkäse)
1 Becher saure Sahne (200 g)
1 TL Cayennepfeffer
12 Cocktailtomaten
50 g Rucola

Für 12 Stück ■ Zubereitungszeit: ca. 30 Min. ■ Backzeit: ca. 50–60 Min.
Pro Stück: 151 kcal ■ 5 g Fett ■ 19 g KH ■ 29,8 % kcal aus Fett

1 Den Backofen auf 200 °C vorheizen. Das Ei unter den Kloßteig mengen, mit Salz und Pfeffer würzen und aus dem Teig 12 Knödel formen. Die Knödel mit dem Nudelholz oder dem Handteller etwa 10 Zentimeter rund ausrollen, auf zwei mit Backpapier ausgelegte Bleche legen und nacheinander 20 Minuten vorbacken.

2 Den Feta in kleine Würfel schneiden und mit der Sahne cremig rühren. Mit Cayennepfeffer würzen und abschmecken. Die Cocktailtomaten waschen und vierteln.

3 Fertige Kartoffelpizzen aus dem Backofen nehmen und mit der Fetacreme bestreichen. Die Cocktailtomaten darauf geben und andrücken. Je Blech weitere 5 bis 10 Minuten backen.

4 Den Rucola putzen, waschen, eventuell halbieren und auf den fertig gebackenen Pizzen verteilen.

Buttermilch-Quiche

Für den Teig
250 g Weizenmehl (Typ 1050)
1/2 Päck. Trockenhefe, 1 TL Zucker
Salz, Pfeffer, Muskatnuss
200 g Buttermilch
etwas Fett und Mehl zum Bearbeiten

Für den Belag
800 g Weißkohl, 1 Zwiebel
2 Knoblauchzehen, 1 EL Öl
1 Dose stückige Tomaten (400 g)
1 EL Thymian, 1 Prise Zucker
5 Scheiben Schmelzkäse (à 20 g; 20 % F. i. Tr.)

Für 12 Stück ■ Zubereitungszeit: ca. 1 Std. 30 Min. (inkl. Gehzeit) ■ Backzeit: ca. 50 Min.
Pro Stück: 125 kcal ■ 2,5 g Fett ■ 19 g KH ■ 18 % kcal aus Fett

1 Das Mehl mit Hefe, Zucker, Salz, Pfeffer und Muskat in einer Schüssel vermischen. Die Buttermilch leicht erwärmen und langsam dazugießen. Alles mit den Knethaken des Handrührgerätes etwa 5 Minuten kneten, bis sich der Teig vom Schüsselrand löst. Den Teig bei Zimmertemperatur etwa 1 Stunde gehen lassen, bis sich sein Volumen verdoppelt hat.

2 Inzwischen den Weißkohl in Streifen schneiden, die Zwiebel und den Knoblauch abziehen und würfeln.

3 Das Öl in einer Pfanne erhitzen, den Kohl, die Zwiebel- und Knoblauchwürfel darin unter ständigem Wenden etwa 3 Minuten kräftig schmoren. Die Tomatenstücke und den Thymian dazugeben, mit Salz, Pfeffer und Zucker würzen. Das Gemüse abkühlen lassen.

4 Ein rundes Pizzablech oder eine Quicheform (28 cm Ø) leicht einfetten, den Teig auf etwas Mehl ausrollen und auf das Blech oder in die Form legen. Das Gemüse darauf verteilen, die Käsescheiben in Streifen schneiden, als Gitter darauf legen und die Quiche zugedeckt weitere 15 Minuten gehen lassen.

5 Die Buttermilch-Quiche im kalten Backofen auf mittlerer Schiene etwa 50 Minuten bei 180 °C backen.

Kartoffeltaler

800 g Kartoffeln
100 g Mehl
3 TL Backpulver
50 g fein geriebener Parmesan
2 EL Kräuter (z. B. Thymian, Rosmarin)
Salz, Pfeffer
Muskatnuss, Cayennepfeffer
1 Ei + 1 Eiweiß

Für 30 Stück ■ Zubereitungszeit: ca. 30 Min. ■ Backzeit: ca. 30 Min.
Pro Stück: 40 kcal ■ 0,7 g Fett ■ 6,4 g KH ■ 15,8 % kcal aus Fett

1 Die Kartoffeln mit Schale weich kochen, pellen und durch die Kartoffelpresse drücken oder fein zerstampfen. Die übrigen Zutaten dazugeben und zu einem Teig verkneten. Den Backofen auf 200 °C vorheizen.

2 Mit einem Esslöffel etwa 30 kleine Teighäufchen abstechen, auf ein mit Backpapier ausgelegtes Backblech setzen und etwa 30 Minuten goldgelb backen.

Reiberdatschi mit Apfelkompott

Für die Reiberdatschi
800 g Kartoffeln
1 große Zwiebel
1–2 Knoblauchzehen nach Belieben
200 g Magerquark
schwarzer Pfeffer, Salz
2 EL Grieß
1 TL Sonnenblumenöl

Für das Apfelkompott
750 g Äpfel
1/8 l Weißwein oder Apfelsaft
50 g Zucker
Schale von 1 unbehandelten Zitrone
1 Zimtstange

Für 4 Personen ■ Zubereitungszeit: ca. 45 Min.
Pro Person: 400 kcal ■ 3,8 g Fett ■ 72,3 g KH ■ 8,4 % kcal aus Fett

1 Die Kartoffeln waschen, schälen und nicht zu grob, aber auch nicht zu fein reiben. Die Zwiebel und den Knoblauch abziehen und zu den Kartoffeln reiben. Quark, Pfeffer, Salz und Grieß hinzufügen und alles gut vermengen.

2 Ein heißes, beschichtetes Waffeleisen mit dem Öl einpinseln, 3 bis 4 Esslöffel Kartoffelmasse einfüllen und knusprig ausbacken. Mit dem restlichen Teig ebenso verfahren, nur muss man das Eisen nicht mehr einfetten.

3 Für das Kompott die Äpfel waschen, schälen, in Stücke schneiden, entkernen und mit 1/8 Liter Wasser, dem Weißwein oder Apfelsaft, Zucker, der Zitronenschale und Zimtstange in einen Topf geben. Aufkochen und so lange zugedeckt kochen, bis das Kompott gar, aber noch stückig ist.

4 Zitronenschale und Zimtstange entfernen. Die heißen Reiberdatschi mit kaltem oder lauwarmem Apfelkompott servieren.

TIPP: Zu den Reiberdatschi passt statt Apfelkompott auch Rübenkraut.

Pflaumenknödel

Für 4 Personen ■ Zubereitungszeit: ca. 40 Min.
Pro Person: 550,8 kcal ■ 10,5 g Fett ■ 102,8 g KH ■ 17,1 % kcal aus Fett

- 1 Pckg. Halb & Halb Knödel für 12 Stück
- 1 Glas halbe Pflaumen (700 g)
- 16 Stück Würfelzucker
- Salz
- 1 unbehandelte Orange
- 60 g Zucker
- 5 EL Rotwein
- 3 TL Saucenbinder für dunkle Saucen
- 3 EL Zitronensaft
- 100 g Halbfettmargarine
- 60 g Semmelbrösel
- 1 TL Vanillinzucker

1 Das Knödelpulver in 3/4 Liter kaltes Wasser einrühren und 10 Minuten quellen lassen. Die Pflaumen abtropfen lassen, dabei den Saft auffangen. Aus dem Knödelteig 16 Knödel formen und in die Mitte jeweils 1 Stück Würfelzucker und 1 Pflaumenhälfte drücken.

2 Reichlich Wasser mit Salz in einem Topf zum Kochen bringen, die Knödel hinzufügen und kurz aufkochen. Offen bei geringer Wärmezufuhr 20 Minuten garziehen lassen.

3 Inzwischen die Orange heiß waschen, die Hälfte der Schale abreiben. 1 Teelöffel davon für die Semmelbrösel zur Seite stellen. Die Orange halbieren und den Saft auspressen.

4 Den Zucker in einer Pfanne karamellisieren. Orangenschale, -saft, Pflaumensaft und Rotwein hinzufügen, zum Kochen bringen und unter Rühren kochen, bis sich der Karamell aufgelöst hat. Den Saucenbinder einrühren, aufkochen und die restlichen Pflaumen dazugeben. Mit Zitronensaft abschmecken.

5 In einer Pfanne die Halbfettmargarine erhitzen, die Semmelbrösel, den Vanillinzucker und die restliche Orangenschale darin unter Rühren rösten.

6 Die garen Pflaumenknödel aus dem Wasser heben, abtropfen lassen, mit der Semmelbröselmischung bestreuen und mit der Pflaumensauce servieren.

Nektarinenknödel

Für 6 Stück ■ Zubereitungszeit: ca. 40 Min. ■ Ruhezeit: ca. 30 Min.
Pro Stück: 154 kcal ■ 1,5 g Fett ■ 27 g KH ■ 9 % kcal aus Fett

- 125 g Magerquark
- 125 g Mehl
- 1 Ei
- Salz
- 6 Nektarinen
- 1 EL Butter
- 3 EL Vollkorn-Semmelbrösel
- 1 TL Zucker

1 Den Quark, das Mehl, Ei und 1 Prise Salz zu einem Teig vermengen. Mit Klarsichtfolie abdecken und 30 Minuten im Kühlschrank ruhen lassen.

2 Den Teig in 6 Teile schneiden und die Nektarinen damit umhüllen. In einem großen Topf Salzwasser zum Kochen bringen, die Knödel hineinlegen und 20 Minuten ziehen lassen.

3 Die Butter schmelzen, die Brösel und den Zucker untermengen und die garen Knödel in dem Gemisch wälzen.

Aprikosen-Quark-Auflauf (Foto)

- 3 Eier
- 50 g Halbfettmargarine
- 60 g Zucker
- 1 Päck. Vanillinzucker
- Saft und abgeriebene Schale von 1 unbehandelten Zitrone
- 1 Prise Salz
- 500 g Magerquark, 5 EL Grieß
- 1 Dose Aprikosen (ca. 480 g Abtropfgewicht)
- 2 EL Mandelblättchen

Für 4 Personen ■ Zubereitungszeit: ca. 15 Min. ■ Backzeit: ca. 1 Std.
Pro Person: 469 kcal ■ 14,8 g Fett ■ 57 g KH ■ 28,3 % kcal aus Fett

1 Die Eier trennen. Eine Auflaufform mit etwas Margarine einfetten, das restliche Fett mit dem Zucker, Vanillinzucker und Eigelb schaumig rühren. Den Saft und die Schale der Zitrone, das Salz, den Quark und den Grieß unterrühren. Das Eiweiß steif schlagen und unterheben.

2 Den Backofen auf 180 °C vorheizen. Die Hälfte der Quarkmasse in die Auflaufform füllen, mit zwei Dritteln der abgetropften Aprikosen belegen und die restliche Quarkmasse darüber verteilen. Mit den übrigen Aprikosen und den Mandelblättchen verzieren.

3 Im Backofen etwa 1 Stunde überbacken. Falls der Auflauf zu braun wird, mit Alufolie oder Pergamentpapier abdecken.

Rhabarberauflauf mit Milchreis

- 750 g Rhabarber
- 225 g Zucker
- Saft von 1 Zitrone
- 1/2 l Milch (1,5 % F.)
- 1 Prise Salz
- 100 g Milchreis
- 4 Eier
- 75 g Rum-Rosinen
- 50 g gehackte Mandeln
- 1 Päck. Vanillinzucker
- 1 TL Butter zum Ausfetten
- 2 EL Puderzucker zum Bestäuben

Für 4 Personen ■ Zubereitungszeit: ca. 20 Min. ■ Quell- und Kühlzeit: ca. 50 Min. ■ Backzeit: ca. 50 Min.
Pro Person: 651 kcal ■ 16,5 g Fett ■ 96 g KH ■ 23 % kcal aus Fett

1 Den Rhabarber putzen, in Stücke schneiden und mit 150 Gramm Zucker und dem Zitronensaft halb gar kochen. Abkühlen lassen.

2 Die Milch mit Salz aufkochen, den Milchreis dazugeben und 30 Minuten ausquellen lassen, er soll noch körnig sein. Den restlichen Zucker unterrühren und die Masse etwa 20 Minuten abkühlen lassen.

3 Den Backofen auf 200 °C vorheizen. Die Eier trennen. Das Eigelb, die Rum-Rosinen, Mandeln, Vanillinzucker und Rhabarber unter den Milchreis heben. Das Eiweiß steif schlagen und unterziehen.

4 Eine Auflaufform mit Butter einfetten und die Reis-Rhabarber-Masse locker einfüllen. Im Backofen etwa 45 Minuten backen.

5 Den Rhabarberauflauf mit Puderzucker überstäuben und nochmals für 5 Minuten zum Glasieren in den Ofen schieben. Sofort servieren.

LOW FETT-30-Tabelle

Lebensmittel, Menge (essbarer Anteil)	Energie (kcal)	Fett (g)	Kohlenhydrate (g)	kcal aus Fett (%)
Getreide und Getreideprodukte				
Amaranthmehl, 100 g	364	8.8 g	57.0 g	21.76 %
Buchweizen, geschält, 100 g	319	1.5 g	74.0 g	4.23 %
Buchweizengrütze, 100 g	339	1.4 g	72.6 g	3.72 %
Buchweizenmehl, 100 g	358	2.4 g	70.7 g	6.03 %
Couscous, 100 g	332	0.8 g	69.0 g	2.17 %
Eierteigwaren, gekocht, 100 g	118	2.6 g	18.2 g	19.83 %
Gerste, Korn, 100 g	318	1.9 g	63.3 g	5.38 %
Gerstengraupen, 100 g	340	1.2 g	71.0 g	3.18 %
Gerstengrütze, 100 g	314	1.4 g	66.1 g	4.01 %
Sprießkorngerste, 100 g	362	2.2 g	73.0 g	5.47 %
Glasnudeln, 100 g	160	0.0 g	20.0 g	0.00 %
Grünkern, Dinkelflocken, 100 g	303	2.0 g	62.0 g	5.94 %
Grünkern, Korn, 100 g	327	2.4 g	63.3 g	6.61 %
Grünkernmehl, 100 g	370	1.8 g	76.8 g	4.38 %
Hafer, Korn, 100 g	358	6.4 g	59.8 g	16.09 %
Haferflocken, 100 g	375	6.3 g	63.3 g	15.12 %
Hafergrütze, 100 g	392	5.3 g	69.7 g	12.17 %
Hafermehl, 100 g	401	6.4 g	67.9 g	14.36 %
Hirse, Korn, 100 g	356	3.5 g	68.8 g	8.85 %
Mais, Korn, 100 g	333	3.4 g	64.7 g	9.19 %
Maismehl, 100 g	350	2.8 g	66.3 g	7.20 %
Nudeln, eifrei, roh, 100 g	362	1.2 g	75.2 g	2.98 %
Vollkornnudeln, roh, 100 g	343	3.0 g	64.0 g	7.87 %
Paniermehl, 100 g	350	0.0 g	70.0 g	0.00 %
Quinoa, Korn, 100 g	343	5.0 g	60.3 g	13.12 %

Lebensmittel, Menge (essbarer Anteil)	Energie (kcal)	Fett (g)	Kohlenhydrate (g)	kcal aus Fett (%)
Reis, Wildreis, 100 g	338	2.0 g	73.0 g	5.33 %
Reismehl, 100 g	355	0.6 g	79.6 g	1.52 %
Risotto-Reis, 100 g	349	0.8 g	72.6 g	2.06 %
Roggen, Korn, 100 g	299	1.5 g	60.7 g	4.52 %
Roggenmehl, Type 805, 100 g	323	0.9 g	71.0 g	2.51 %
Roggenmehl, Type 997, 100 g	314	1.0 g	67.9 g	2.87 %
Roggenmehl, Type 1150, 100 g	321	1.2 g	67.8 g	3.36 %
Roggenmehl, Type 1370, 100 g	318	1.3 g	66.7 g	3.68 %
Roggenmehl, Type 1800, 100 g	295	1.4 g	59.0 g	4.27 %
Sojamehl, 100 g	370	18.5 g	3.1 g	45.00 %
Weizen, Korn, 100 g	316	1.8 g	61.0 g	5.13 %
Weizengrieß, 100 g	326	0.0 g	14.0 g	0.00 %
Weizenmehl, Type 405, 100 g	338	0.9 g	70.9 g	2.40 %
Weizenmehl, Type 550, 100 g	338	1.0 g	70.8 g	2.66 %
Weizenmehl, Type 630, 100 g	339	1.4 g	69.0 g	3.72 %
Weizenmehl, Type 812, 100 g	333	1.2 g	66.7 g	3.24 %
Weizenmehl, Type 1050, 100 g	336	1.6 g	67.2 g	4.29 %
Weizenmehl,+A977 Type 1700, 100 g	309	1.9 g	59.7 g	5.53 %
Weizenpuder, 100 g	351	0.0 g	86.0 g	0.00 %
Weizenstärke, 100 g	333	0.1 g	86.1 g	0.27 %
Gemüse und -produkte				
Alfalfa-Sprossen, frisch, 100 g	24	0.7 g	0.4 g	26.25 %
Artischockenherzen, 100 g	19	0.8 g	1.1 g	37.89 %
Aubergine, roh, 100 g	17	0.2 g	2.7 g	10.59 %
Austernpilz, 100 g	11	0.1 g	0.0 g	8.18 %
Avocado, 100 g	228	21.2 g	0.4 g	83.68 %
Bambussprossen, 100 g	17	0.3 g	1.0 g	15.88 %
Blumenkohl, roh, 100 g	22	0.3 g	2.3 g	12.27 %
Bohnen, grün, roh, 100 g	26	0.2 g	5.3 g	6.92 %

Lebensmittel, Menge (essbarer Anteil)	Energie (kcal)	Fett (g)	Kohlen-hydrate (g)	kcal aus Fett (%)
Broccoli, roh, 100 g	26	0.2 g	2.8 g	6.92 %
Champignon, frisch, 100 g	15	0.2 g	0.7 g	12.00 %
Chicorée, roh, 125 g	20	0.3 g	2.9 g	13.50 %
Chinakohl, roh, 100 g	12	0.3 g	1.3 g	22.50 %
Eichblattsalat, 100 g	11	0.2 g	1.1 g	16.36 %
Eisbergsalat, 100 g	13	0.3 g	1.9 g	20.77 %
Endiviensalat, 125 g	12	0.3 g	0.4 g	22.50 %
Erbsen, gekocht, in Dosen, 100 g	56	0.3 g	8.8 g	4.82 %
Feldsalat, 100 g	14	0.3 g	0.7 g	19.29 %
Fenchel, roh, 100 g	24	0.3 g	2.8 g	11.25 %
Frühlingszwiebeln, 100 g	23	0.5 g	3.0 g	19.57 %
Grünkohl, 100 g	37	0.8 g	3.0 g	19.46 %
Gurken, roh, 100 g	12	0.2 g	2.1 g	15.00 %
Kartoffel, roh, 100 g	70	0.1 g	15.4 g	1.29 %
Knoblauch, roh, 100 g	139	0.1 g	28.4 g	0.65 %
Kohlrabi, roh, 100 g	24	0.1 g	3.9 g	3.75 %
Kopfsalat, 100 g	12	0.2 g	1.1 g	15.00 %
Kürbis, roh, 100 g	26	0.1 g	4.8 g	3.46 %
Lauch, 100 g	25	0.3 g	3.2 g	10.80 %
Mangold, roh, 100 g	14	0.3 g	0.7 g	19.29 %
Möhren, gekocht, 100 g	18	0.2 g	3.4 g	10.00 %
Möhren, roh, 100 g	25	0.2 g	4.9 g	7.20 %
Paprika, roh, 100 g	20	0.3 g	3.2 g	13.50 %
Pastinake, 100 g	22	0.4 g	3.4 g	16.36 %
Pfifferling, frisch, 100 g	11	0.4 g	0.2 g	32.73 %
Radicchio, 100 g	13	0.2 g	1.5 g	13.85 %
Radieschen, 100 g	14	0.1 g	2.2 g	6.43 %
Rettich, 100 g	13	0.1 g	1.9 g	6.92 %
Rosenkohl, roh, 100 g	36	0.3 g	3.8 g	7.50 %
Rote Bete, roh, 100 g	41	0.1 g	8.6 g	2.20 %
Schwarzwurzel, roh, 100 g	16	0.4 g	1.6 g	22.50 %

Lebensmittel, Menge (essbarer Anteil)	Energie (kcal)	Fett (g)	Kohlen-hydrate (g)	kcal aus Fett (%)
Sellerie, roh, 100 g	18	0.3 g	2.3 g	15.00 %
Spargel, roh, 100 g	18	0.1 g	2.2 g	5.00 %
Spinat, roh, 100 g	15	0.3 g	0.6 g	18.00 %
Stangensellerie, 100 g	15	0.0 g	2.0 g	0.00 %
Steinpilz, 100 g	16	0.4 g	0.5 g	22.50 %
Tomaten, roh, 100 g	17	0.2 g	3.5 g	10.59 %
Weißkohl, roh, 100 g	24	0.2 g	4.2 g	7.50 %
Wirsing, roh, 100 g	25	0.3 g	2.4 g	10.80 %
Zucchini, 100 g	19	0.4 g	2.1 g	18.95 %
Zuckermais, in Dosen, 100 g	110	1.5 g	21.0 g	12.27 %
Zwiebel, roh, 100 g	28	0.2 g	5.8 g	6.43 %
Obst und -produkte				
Acerola, Saft, 100 g	22	0.3 g	4.5 g	12.27 %
Ananas, 100 g	55	0.1 g	13.1 g	1.64 %
Ananas, in Dosen, 100 g	84	0.2 g	20.2 g	2.14 %
Apfel, 100 g	55	0.3 g	12.4 g	4.91 %
Apfelsine, roh, 100 g	42	0.2 g	9.2 g	4.29 %
Aprikosen, roh, 100 g	45	0.1 g	9.9 g	2.00 %
Banane, roh, 100 g	92	0.2 g	21.4 g	1.96 %
Birne, roh, 100 g	55	0.3 g	12.7 g	4.91 %
Brombeere, roh, 100 g	43	0.9 g	7.2 g	18.84 %
Cherimoya, 100 g	62	0.3 g	13.4 g	4.35 %
Dattel, getrocknet, 100 g	278	0.5 g	66.3 g	1.62 %
Erdbeere, roh, 100 g	33	0.4 g	6.5 g	10.91 %
Feige, getrocknet, 100 g	242	1.2 g	54.0 g	4.46 %
Feige, roh, 100 g	61	0.5 g	12.9 g	7.38 %
Grapefruit, roh, 100 g	40	0.1 g	9.0 g	2.25 %
Guave, 100 g	35	0.5 g	6.7 g	12.86 %
Hagebutten, roh, 100 g	91	0.0 g	19.3 g	0.00 %
Heidelbeeren, roh, 100 g	37	0.5 g	7.4 g	12.16 %

Lebensmittel, Menge (essbarer Anteil)	Energie (kcal)	Fett (g)	Kohlen-hydrate (g)	kcal aus Fett (%)
Himbeeren, roh, 100 g	36	0.3 g	6.9 g	7.50 %
Holunderbeere, roh, 100 g	54	1.7 g	6.5 g	28.33 %
Honigmelone, roh, 100 g	54	0.1 g	12.4 g	1.67 %
Johannisbeere, rot, 100 g	36	0.2 g	7.4 g	5.00 %
Johannisbeere, schwarz, 100 g	47	0.2 g	10.0 g	3.83 %
Kaki, 100 g	69	0.3 g	16.0 g	3.91 %
Karambole, 100 g	23	0.5 g	3.5 g	19.57 %
Kirsche, sauer, roh, 100 g	55	0.5 g	11.7 g	8.18 %
Kirsche, süß, roh, 100 g	63	0.3 g	14.2 g	4.29 %
Kiwi, 100 g	40	0.0 g	8.0 g	0.00 %
Korinthen, getrocknet, 100 g	259	0.0 g	63.1 g	0.00 %
Limone, 100 g	33	1.7 g	1.7 g	46.36 %
Litchi, 100 g	74	0.3 g	17.0 g	3.65 %
Mandarinen, roh, 100 g	46	0.3 g	10.1 g	5.87 %
Mango, roh, 100 g	58	0.4 g	12.8 g	6.21 %
Mirabellen, roh, 100 g	64	0.2 g	14.6 g	2.81 %
Mispel, roh, 100 g	44	0.0 g	10.6 g	0.00 %
Moosbeere, roh, 100 g	39	0.6 g	7.8 g	13.85 %
Nektarine, roh, 100 g	53	0.0 g	12.4 g	0.00 %
Papaya, 100 g	12	0.1 g	2.4 g	7.50 %
Passionsfrucht, 100 g	67	0.4 g	13.4 g	5.37 %
Pfirsich, roh, 100 g	42	0.1 g	9.4 g	2.14 %
Pflaume, getrocknet, 100 g	227	0.5 g	53.2 g	1.98 %
Pflaume, roh, 100 g	50	0.2 g	11.4 g	3.60 %
Preiselbeere, roh, 100 g	36	0.5 g	7.6 g	12.50 %
Quitten, roh, 100 g	40	0.5 g	8.3 g	11.25 %
Reineclaude, 100 g	57	0.0 g	13.5 g	0.00 %
Rhabarber, 100 g	13	0.1 g	2.8 g	6.92 %
Sanddornbeere, roh, 100 g	93	6.4 g	5.2 g	61.94 %
Stachelbeere, roh, 100 g	39	0.1 g	8.5 g	2.31 %
Sultaninen, getrocknet, 100 g	280	0.5 g	66.2 g	1.61 %

Lebensmittel, Menge (essbarer Anteil)	Energie (kcal)	Fett (g)	Kohlenhydrate (g)	kcal aus Fett (%)
Wassermelone, 100 g	37	0.2 g	8.3 g	4.86 %
Weintrauben, roh, 100 g	70	0.3 g	16.1 g	3.86 %
Zitrone, roh, 100 g	41	0.5 g	8.1 g	10.98 %
Milch und -produkte				
alpro soja Drink Schoko, 100 g	76	2.2 g	10.2 g	26.05 %
alpro soja Drink Vanille, 100 g	70	2.2 g	8.7 g	28.28 %
alpro soja Dessert Schoko, 100 g	88	2.3 g	13.8 g	23.52 %
alpro soja Dessert Vanille, 100 g	80	1.8 g	13.0 g	20.25 %
alpro soja Dessert Caramel, 100 g	82	1.7 g	13.7 g	18.65 %
Buttermilch, 100 g	39	0.5 g	4.8 g	11.54 %
Crème Double, 100 g	408	43.0 g	3.0 g	94.85 %
Crème fraîche 30 %, 100 g	298	30.0 g	4.0 g	90.60 %
Dickmilch, entrahmt, 100 g	32	0.1 g	4.2 g	2.81 %
Dickmilch, Trinkmilch 3,5 %, 100 g	61	3.5 g	4.0 g	51.64 %
Feta 45 %, 100 g	250	17.2 g	2.0 g	61.92 %
Gorgonzola, 100 g	376	29.6 g	0.6 g	70.85 %
Gouda 40 %, 100 g	300	22.3 g	0.0 g	66.90 %
Harzer Käse, 100 g	126	0.7 g	0.0 g	5.00 %
Joghurt 1,5 %, 100 g	53	1.5 g	5.6 g	25.47 %
Joghurt 3,5 %, 100 g	73	3.6 g	5.4 g	44.38 %
Kefir aus Trinkmilch 3,5 %, 100 g	66	3.3 g	4.8 g	45.00 %
Kefir 1,5 %, 100 g	48	1.6 g	3.2 g	30.00 %
Körniger Frischkäse, 100 g	81	2.9 g	0.0 g	32.22 %
Limburger 20 %, 100 g	196	8.1 g	0.1 g	37.19 %
Mozzarella, 100 g	239	15.3 g	0.0 g	57.62 %
Parmesan 32 %, 100 g	396	24.5 g	0.1 g	55.68 %
Rohmilch, Vorzugsmilch, 100 g	69	3.6 g	4.8 g	46.96 %
Roquefort, 100 g	378	29.1 g	0.2 g	69.29 %
Sahne 10 %, 100 g	127	9.4 g	4.1 g	66.61 %
Sahne 30 %, 100 g	317	30.1 g	3.3 g	85.46 %

Lebensmittel, Menge (essbarer Anteil)	Energie (kcal)	Fett (g)	Kohlenhydrate (g)	kcal aus Fett (%)
saure Sahne (Rahm), 100 g	117	10.0 g	3.7 g	76.92 %
Schafmilch, 100 g	100	5.9 g	4.7 g	53.10 %
Schafskäse 40 % , 100 g	217	16.7 g	0.0 g	69.26 %
Schmand 24 %, 100 g	239	24.0 g	3.2 g	90.38 %
Schwedenmilch, Reformhaus, 100 g	64	3.5 g	4.7 g	49.22 %
Speisequark 20 %, 100 g	116	4.8 g	3.4 g	37.24 %
Speisequark 40 %, 100 g	167	10.8 g	3.3 g	58.20 %
Speisequark mager, 100 g	78	0.2 g	4.0 g	2.31 %
Trinkmilch 3,5 %, 100 g	67	3.4 g	4.8 g	45.67 %
Trinkmilch, fettarm 1,5 %, 100 g	49	1.6 g	4.8 g	29.39 %
Ziegenmilch, 100 g	70	3.7 g	4.3 g	47.57 %
Zottarella leicht, 100 g	165	8.5 g	1.0 g	46.36 %
Ei, Fette und Nüsse				
Hühnerei, 100 g	167	10.6 g	0.7 g	57.13 %
Hühnereigelb, 100 g	377	30.3 g	0.3 g	72.33 %
Hühnereiklar, 100 g	55	0.2 g	0.7 g	3.27 %
Butter, 100 g	773	79.0 g	0.0 g	91.98 %
Butterschmalz, 100 g	921	94.5 g	0.0 g	92.35 %
Diätmargarine, 100 g	746	76.0 g	0.2 g	91.69 %
Distelöl, 100 g	899	94.9 g	0.0 g	95.01 %
Halbfettmargarine, 100 g	381	38.0 g	0.4 g	89.76 %
Kokosfett, 100 g	900	100.0 g	0.0 g	100.00 %
Leinöl, 100 g	925	94.5 g	0.0 g	91.95 %
Maiskeimöl, 100 g	899	94.9 g	0.0 g	95.01 %
Olivenöl, 100 g	926	94.6 g	0.0 g	91.94 %
Pflanzenmargarine, 100 g	746	76.0 g	0.4 g	91.69 %
Sonnenblumenöl, 100 g	928	94.8 g	0.0 g	91.94 %
Cashew, 100 g	569	42.0 g	30.5 g	66.43 %
Erdnuss, frisch, 100 g	571	48.1 g	12.2 g	75.81 %
Erdnuss, geröstet, 100 g	586	49.4 g	13.4 g	75.87 %

Lebensmittel, Menge (essbarer Anteil)	Energie (kcal)	Fett (g)	Kohlenhydrate (g)	kcal aus Fett (%)
Haselnuss, 100 g	643	61.0 g	11.4 g	85.38 %
Kastanie, 100 g	196	1.9 g	41.2 g	8.72 %
Kokoschips, Reformhaus, 100 g	500	50.0 g	7.0 g	90.00 %
Mandel, 100 g	599	54.0 g	9.3 g	81.14 %
Mohnsamen, 100 g	481	41.0 g	4.2 g	76.72 %
Paranuss, 100 g	668	67.0 g	3.6 g	90.27 %
Pinienkerne, 100 g	674	60.0 g	20.5 g	80.12 %
Pistazienkerne, 100 g	598	51.6 g	17.5 g	77.66 %
Walnuss, 100 g	666	62.0 g	12.1 g	83.78 %
Fertigprodukte				
Buitoni fresco Tortelloni				
Ricotta e spinaci, 100 g	310	8.0 g	50.4 g	23,23.%
Dr. Schnetkamp Vollwert				
Kartoffel-Gemüse-Puffer, 100 g	170	9.0 g	19.0 g	47.65 %
Dr. Schnetkamp Vollwert				
Kartoffel-Kräuter-Schnitte, 100 g	170	8.0 g	20.0 g	42.35 %
Dr. Schnetkamp Vollwert Knusper-Mond, 100 g	134	4.8 g	18.0 g	32.24 %
granoVita Bio-Kräuter-Tofu, 100 g	125	7.4 g	1.8 g	53.28 %
granoVita Bio-Räucher-Tofu, 100 g	147	8.6 g	1.8 g	52.65 %
granoVita Bio-Soja-Drink, gesüßt, 100 g	47	2.4 g	2.9 g	45.96 %
granoVita Bio-Tofu, 100 g	120	7.1 g	1.6 g	53.25 %
granoVita Soja Instant, 100 g	521	25.5 g	47.9 g	44.05 %
granoVita Soja-Drink Schoko-Banane, 100 g	62	2.1 g	7.2 g	30.48 %
granoVita Soja-Steakli, 100 g	295	2.1 g	19.2 g	6.41 %
granoVita Sojavita, 100 g	307	2.2 g	33.8 g	6.45 %
granoVita Soja-zart, 100 g	207	17.3 g	1.0 g	75.22 %
granoVita Tofu-Pastete »Italiana«, 100 g	190	16.7 g	5.0 g	79.11 %
granoVita Tofu-Pastete Kräuter der Provence, 100 g	228	21.6 g	3.1 g	85.26 %
granoVita Tofu-Pastete Tomate, 100 g	217	18.9 g	6.5 g	78.39 %
granoVita Vegetarische Bratwurst, 100 g	307	28.1 g	2.6 g	82.38 %

Lebensmittel, Menge (essbarer Anteil)	Energie (kcal)	Fett (g)	Kohlen-hydrate (g)	kcal aus Fett (%)
granoVita Vegetarische Wiener, 100 g	245	19.6 g	1.0 g	72.00 %
granoVita Vegetarischer Leberkäse, 100 g	206	15.9 g	1.6 g	69.47 %
granoVita Vegetarisches Schnitzel, 100 g	262	14.8 g	15.2 g	50.84 %
Heirler Yamato Bio-Kräutertofu mit Gartenkräutern, 100 g	106	5.5 g	1.0 g	46.70 %
Heirler Yamato Bio-Mix Asia, 100 g	316	6.2 g	60.7 g	17.66 %
Heirler Yamato Bio-Räuchertofu herzhaft geräuchert, 100 g	161	8.5 g	1.5 g	47.52 %
Heirler Yamato Bio-Satètofu, pikant, 100 g	304	24.2 g	2.6 g	71.64 %
Heirler Yamato Bio-Tofu Mexicana pikant-scharf, 100 g	262	20.0 g	3.5 g	68.70 %
Heirler Yamato Bio-Tofu pur, 100 g	106	5.5 g	1.0 g	46.70 %
Heirler Yamato Soya-Drink, 100 g	40	2.0 g	1.7 g	45.00 %
Honig, 100 g	325	0.0 g	81.0 g	0.00 %
Lawa Hefeknödel, 100 g	220	1.2 g	42.8 g	4.91 %
Lawa Hefeknödel Heidelbeerknödel, 100 g	235	2.6 g	44.7 g	9.96 %
Reformhaus Bio-Soja-Würstchen, 100 g	150	9.0 g	2.0 g	54.00 %
Reformhaus Braune Soße, vegetarisch, 100 g	19	0.3 g	2.8 g	14.21 %
Reformhaus Bunter Bohnentopf, 100 g	54	2.0 g	6.0 g	33.33 %
Reformhaus Bunter Kartoffelsalat, 100 g	112	7.7 g	8.5 g	61.88 %
Reformhaus Champignonsoße, 100 g	17	0.2 g	3.0 g	10.59 %
Reformhaus China-Salat, 100 g	93	5.4 g	9.0 g	52.26 %
Reformhaus Erbsentopf, 100 g	82	1.0 g	13.0 g	10.98 %
Reformhaus Mexico-Salat, 100 g	94	4.3 g	11.0 g	41.17 %
Reformhaus Minestrone, 100 g	34	2.0 g	3.0 g	52.94 %
Reformhaus Pasta-Soße Champignon, 100 g	152	14.0 g	8.0 g	82.89 %
Reformhaus Schlemmer Salat, 100 g	143	13.0 g	2.6 g	81.82 %
Reformhaus Soja-Bällchen, 100 g	91	3.0 g	9.0 g	29.67 %
Reformhaus Soja-Bratlinge, 100 g	339	12.0 g	31.0 g	31.86 %
Reformhaus Tofusalat, 100 g	105	6.8 g	7.5 g	58.29 %
Reformhaus Tomatensoße, 100 g	15	0.2 g	3.0 g	12.00 %
Reformhaus Veg. Pasta Chuta, Bolognese Sauce, 100 g	111	5.0 g	5.0 g	40.54 %

Lebensmittel, Menge (essbarer Anteil)	Energie (kcal)	Fett (g)	Kohlenhydrate (g)	kcal aus Fett (%)
Reformhaus Vegetabile Pastete, Delikateß, 100 g	220	18.0 g	8.0 g	73.64 %
Reformhaus Vegetabile Pastete, Exquisit, 100 g	281	25.0 g	8.0 g	80.07 %
Reformhaus Vegetabile Pastete, Paprika, 100 g	225	18.0 g	10.0 g	72.00 %
Reformhaus Weiße Soße, vegetarisch, 100 g	19	0.1 g	3.8 g	4.74 %
Reformhaus Würstchen, vegetarisch, 100 g	330	32.4 g	2.5 g	88.36 %
Reformhaus, Tofu-Pastete, Gemüse, 100 g	248	23.4 g	3.6 g	84.92 %
Soja-Flocken, Reformhaus, 100 g	208	12.0 g	17.0 g	51.92 %
Tartex mit Chili und schwarzem Pfeffer, 100 g	837	91.0 g	3.8 g	97.85 %
Tartex mit feinen Kräutern, 100 g	834	90.0 g	3.2 g	97.12 %
Tartex Stroganoff Delicatesse, 100 g	70	2.4 g	8.9 g	30.86 %
Tartex-Asia Shiitake, 100 g	205	17.0 g	7.2 g	74.63 %
Tartex-Burgunder Art ohne Soja, 100 g	76	4.0 g	5.5 g	47.37 %
Tartex-Champignon, 100 g	227	19.0 g	7.0 g	75.33 %
Tartex-Champignon-Brotaufstrich, 100 g	218	18.3 g	6.2 g	75.55 %
Tartex-Chili sin Carne, 100 g	62	0.4 g	10.2 g	5.81 %
Tartex-Delikatess, 100 g	226	18.0 g	8.0 g	71.68 %
Tartex-Delikatess-Brotaufstrich, 100 g	226	18.0 g	8.3 g	71.68 %
Tartex-Feine Braune Saucen, 100 g	63	4.3 g	4.9 g	61.43 %
Tartex-Feine Kräuter, 100 g	180	15.8 g	7.7 g	79.00 %
Tartex-Pesto d'Italia, 100 g	176	14.0 g	7.4 g	71.59 %
Tartex-Puszta Paprika, 100 g	61	0.6 g	10.1 g	8.85 %
Tartex-Ravioli ohne Soja, 100 g	86	2.7 g	12.8 g	28.26 %
Tartex-Sauce Champignon, 100 g	71	3.8 g	6.8 g	48.17 %
Tartex-Sauce Shanghai, 100 g	67	0.1 g	15.5 g	1.34 %
Tartex-Sugo ohne Soja, 100 g	113	7.4 g	6.0 g	58.94 %
Tartex-Tomato d'Italia, 100 g	178	14.0 g	7.7 g	70.79 %
Tartex-Zartes Gemüse, 100 g	185	15.2 g	9.6 g	73.95 %
Tofu, 100 g	83	4.8 g	1.9 g	52.05 %

Register

Bitte besuchen Sie uns im Internet: www.droemer-knaur.de

Weitere kulinarische Titel finden Sie im Internet unter www.genussvoll-leben.de

Impressum

Bibliografische Information Die Deutsche Bibliothek
Die Deutsche Bibliothek verzeichnet diese Publikation in der Deutschen Nationalbibliografie; detaillierte bibliografische Daten sind im Internet über http://dnb.ddb.de abrufbar.

Wichtiger Hinweis
Die im Buch veröffentlichten Ratschläge wurden mit größter Sorgfalt von Verfassern und Verlag erarbeitet und geprüft. Eine Garantie kann jedoch nicht übernommen werden. Ebenso ist eine Haftung der Verfasser bzw. des Verlages und seiner Beauftragten für Personen-, Sach- oder Vermögensschäden ausgeschlossen.

Projektleitung: Kathrin Gritschneder
Redaktion: Damla Özbay, Dagmar Schmohl
Herstellung: Dagmar Guhl
Fotos: Food Centrale, Hamburg; Freisteller: Verlag
Umschlag: Daniela Meyer
Reproduktion und Satz: kaltnermedia GmbH, Bobingen
Druck und Bindung: Druckerei Uhl, Radolfzell
Printed in Germany

ISBN 3-426-66894-7

Gedruckt auf elementar chlorfrei gebleichtem Papier

G30! FETT
max. 30% der Gesamtkalorien aus Fett